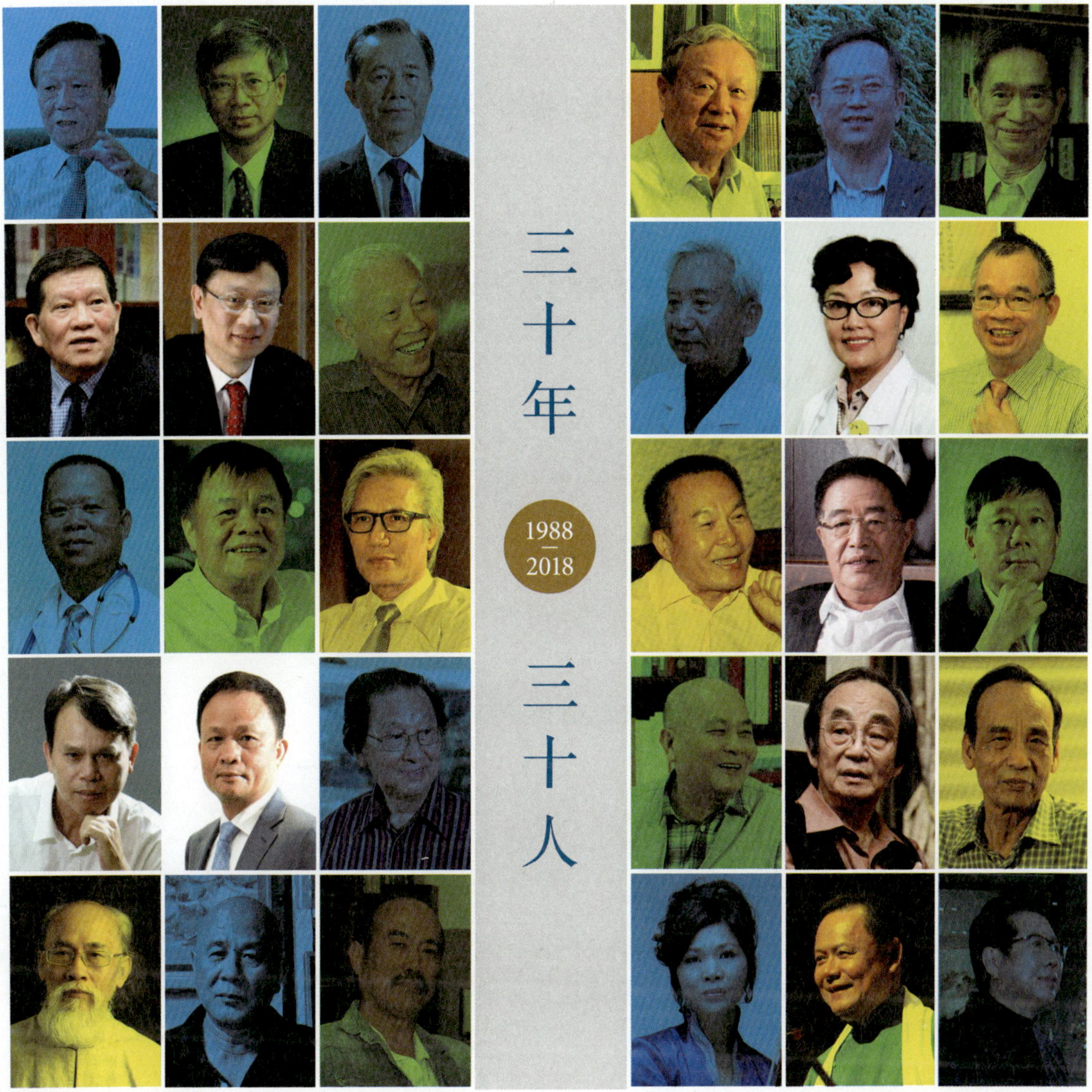

三十年
1988
2018
三十人

# 岭南筑梦

罗罡 吴烈修 主编

·广州·

**版权所有　翻印必究**

图书在版编目（CIP）数据

三十年　三十人：岭南筑梦 / 罗罡，吴烈修主编 . —广州：中山大学出版社，2019.6

ISBN 978-7-306-06640-4

Ⅰ. ①三…　Ⅱ. ①罗…　②吴…　Ⅲ. ①人物—先进事迹—广东—现代　Ⅳ. ① K820.865

中国版本图书馆 CIP 数据核字（2019）第 109908 号

Sanshinian Sanshiren: Lingnan Zhumeng

| | |
|---|---|
| 出 版 人： | 王天琪 |
| 策划编辑： | 金继伟 |
| 责任编辑： | 陈　芳　高　洵 |
| 封面设计： | 林绵华　广州六动友广告有限公司 |
| 装帧设计： | 林绵华　广州六动友广告有限公司 |
| 责任校对： | 王　燕 |
| 责任技编： | 何雅涛 |
| 出版发行： | 中山大学出版社 |
| 电　　话： | 编辑部 020-84110779，84111996，84111997，84113349 |
| | 发行部 020-84111160，84111981，84111998 |
| 地　　址： | 广州市新港西路135号 |
| 邮　　件： | 510275　　传　真：020-84036565 |
| 网　　址： | http://www.zsup.com.cn　E-mail:zdcbs@mail.sysu.edu.cn |
| 印 刷 者： | 广州家联印刷有限公司 |
| 规　　格： | 787mm×1092mm　1/16　16印张　161千字 |
| 版次印次： | 2019年6月第1版　2019年6月第1次印刷 |
| 定　　价： | 68.00元 |

如发现本书因印装质量影响阅读，请与出版社发行部联系调换

## 编委会成员

主　任：蔡春萌
副主任：李卓章　于万义　谭军波　王天琪
编　委：蔡春萌　李卓章　于万义　谭军波　罗　罡　吴烈修　王天琪
主　编：罗　罡　吴烈修
副主编：谢冠芳　金继伟
编　辑：罗　森　陈统一

三十年
三十人

岭南筑梦

# 为海南的追梦人立传

潮起海之南,三万里风鹏正举;大潮起珠江,四十年挥斥方遒。适逢2018年海南建省办经济特区30周年和广东省海南联谊会成立30周年之际,广东省海南联谊会与中山大学出版社合作,遴选了30位在广东打拼的琼籍优秀代表人物,将他们的故事入书,嘱为作序,我作为琼籍人,深感荣幸并勉而为之!

海南与广东渊源很深,三国时期海南就被划入广州,明朝以后,海南先后隶属广西、广东。民国时期海南隶属广东,直到1988年,海南与广东省分家,脱离了广东省,成为全国最年轻的省份。因此,在广东工作的海南人比较多。

历史的车轮滚滚向前。31年前,第七届全国人民代表大会第一次会议正式批准设立海南省,建立海南经济特区,31年波澜壮阔的奋斗历程和从未停止的实践探索,让昔日的边陲岛屿一跃成为繁荣美丽的国际旅游岛和活力迸发的经济特区。2018年4月13日,习近平总书记在庆祝海南建省办经济特区30周年大会上,郑重宣布设立海南全岛自由贸易区和探索推进中国特色自由贸易港,为海南未来发展指明了方向。

31年前,广东省海南联谊会正式成立,从此为在广东打拼的海南人建立了温暖之家，为粤琼两地的交流发展搭建了桥梁。

习近平总书记今年的新年献词中有一金句："我们都在努力奔跑，我们都是追梦人。"改革开放以来，一批批优秀的海南人跨过海峡，进入岭南，追逐梦想，努力拼搏，通过自己的智慧与努力为社会做出了贡献，写下了一首首奋发向上、积极进取的人生乐章。《三十年　三十人——岭南筑梦》记录的30名海南人就是其中的典型代表。他们用奋斗抒写了幸福的精彩华章，表现了"天行健，君子以自强不息"的精神！这30人来自各行各业，有政界要人、海商精英、专家学者、杏林园丁、文化大家，他们在广东拼搏奋斗的故事像漂亮的风铃，碰一碰便有动人的旋律；像精美的画册，翻一翻就有斑斓的色彩；像航海指南针，指引我们前进的方向。在此谨向他们致敬！他们都是追梦人，都是琼籍各方面的优秀代表，都是亮丽的名片！

我知道，还有许多优秀的海南人没有入选本书，好在我们现在开了头，有了第一本，就会有第二本、第三本。期待将记录海南人精彩故事的事业进行下去。

是为序。

林　雄

2019年6月于广州

三十年 三十人

# 目录

| | | |
|---|---|---|
| 2 | 李本钧：我从海南走来/佚 名 | |
| 12 | 王珣章：坚守爱国赤子心/佚 名 | |
| 20 | 陈蔚文：行医为官德为先/杜开旭 | |
| 26 | 林浩然：潜精积思于科研，以身立教于学子/王玉婷 | |
| 36 | 张　偲：探索斑斓海洋，笑谈快意人生/杜开旭 | |
| 42 | 叶显恩：海阔凭鱼跃，天高任鸟飞/王玉婷 | |
| 50 | 林培政：用忠诚的态度追求精致的医术/杜开旭 | |
| 56 | 程　斌：用坚定信念诠释医者仁心/杜开旭 | |
| 62 | 杨汉勤：医乃仁术，兵心如佛/杜开旭 | |

| | |
|---|---|
| 68 | 邢诒刚：身正心宽传医道/杜开旭 |
| 74 | 杨冬梓：生命自有方向，只管去行/杜开旭 |
| 80 | 符文彬：一根神针成就岭南针灸"绝响"/佚　名 |
| 90 | 吴　文：悬壶济世救众生/杜开旭 |
| 94 | 黄宏生：生命不息，冲锋不止/谭军波 |
| 108 | 周敬良：一瓶水的毕生事业/杜开旭 |
| 118 | 张国明：君子乾乾，心怀商道/王玉婷 |
| 126 | 韩子劲：男儿有术创"白马"/王玉婷 |
| 132 | 王大富：视野决定高度，思路决定出路/杜开旭 |
| 138 | 王　锦：石痕绚彩照人生/杜开旭 |
| 144 | 蔡春萌：从农场子弟到海商翘楚的人生蜕变/谭军波 |
| 156 | 汤集祥："百变"艺术家/沈汉炎 |
| 168 | 林明琛：海南油画第一人/陈一熠 |
| 176 | 邓子敬："海痴"的碧海深情/沈汉炎 |
| 186 | 张祖泰：水彩画名家/沈汉炎 |
| 194 | 陈新华：幸哉！我为吾画！/沈汉炎 |
| 204 | 陈　海：一张油画布带来无限可能/陈一熠 |
| 212 | 何坚宁：在抽象油画中聚集灵魂/沈汉炎 |
| 222 | 黄江琴：锦瑟绣华年，胡琴和乾坤/陈一熠 |
| 230 | 谭炎健：从椰林深处走出来的国乐大师/陈竞明 |
| 238 | 陈　前：最满意的歌曲永远是下一首/杜开旭 |
| 247 | 后　记　尽了一份责任/罗　罡 |

三十年
三十人

岭南筑梦

# 李本钧：
# 我从海南走来

李本钧，1952年出生，广东台山人，中共党员。1970年8月参加工作，1971年6月加入中国共产党。历任中共广东省委党校常务副校长，中共广东省委宣传部副部长，广东省社会科学院院长、党组书记，中共揭阳市委书记、市人大常委会主任，中华全国归国华侨联合会副主席，中央人民政府驻澳门特别行政区联络办公室副主任，第十二届全国政协委员会委员。他是经济学教授。在《经济研究》等国家和省级刊物上发表论文76篇，并出版著作多部。

李本钧：我从海南走来

"我从海南走来,"中央人民政府驻澳门特别行政区联络办公室原副主任李本钧用这句话开始了我们的访谈,"我虽然在广东台山出生,但是5岁时就来到海南,儿时的记忆全都来自这个岛屿……"如今已经67岁的李本钧说起自己对海南的情愫,爱之切、情之深溢于言表。

### 不忘乡音:在美国讲海南话

乡音是对家乡最好的思念。2004年9月,时任中华全国归国华侨联合会(以下简称"中国侨联")副主席的李本钧率团前往美国洛杉矶出席华侨活动,在盛大的欢迎宴会上,李本钧上台分别用普通话、粤语、潮汕话、台山话致辞。即将结束时,主持人说台下还有来自海南的华侨,李本钧微微一笑,立刻用纯熟的海南话做了两分钟的发言。一名海南华侨激动地快步走上台对大家说:"李主席是海南人,说的是我们海南地道的家乡话。"全场立刻响起了雷鸣般的掌声。整个联谊会,李本钧用普通话和4种方言与华侨进行交流,气氛十分热烈。而此时,李本钧已经走出海南23年。

李本钧说:"我对海南的情怀是刻进骨子里、融进血液里的,是海南的山水养育了我。"

李本钧1952年出生于广东台山，5岁时跟随父母来到海南，并在海南读小学、中学。高中毕业时正值"文革"，李本钧和200多名同学被安排到小学当老师。当时他工作的海口市第十七小学在一座破庙里，条件非常艰苦，李本钧很认真地对待人生的第一份职业。工作之余，他与书为伴。那时他家里书比较多，除了中国古典四大名著，他还阅读了巴尔扎克、托尔斯泰、高尔基、雨果等作家写的世界名著，并用两年的时间自学了政治经济学、哲学等大学教材。

"腹有诗书气自华。"学生眼里的李本钧满腹经纶，授课妙趣横生；同事和学生家长眼里的李本钧朝气蓬勃，有理想、有抱负。1971年，参加工作一年的李本钧加入了中国共产党。

### 大学教师：办高考补习班

机会总是垂青有准备的人。1972年，李本钧被推荐到华南师范学院（今华南师范大学）政治历史系学习。才华出众的李本钧很快得到老师和同学们的认可，成为班里的学习委员。初上大学，李本钧雄心勃勃，给自己立了新目标，决心通过大学学习装满一个脑、练就一张嘴、磨尖一支笔，全方位提升自己。

天有不测风云，在一次拔河比赛中，李本钧因用力过猛，腰部受了重伤。当时医生说他需要长期休养，于是李本钧回到了养育他的家乡海南，没想到，他的身体竟然很快奇迹般地康复了。

1975年，李本钧毕业后被分配到海南海口市业余大学当教师。不久，高考全面恢复。李本钧发现，很多和自己同年代出生的人因"文革"，没有机会读书，参加高考十分困难。于是，他组织海口市各中学最优秀的教师，从1977年开始，连续举办补习班，最多时有3000多名青年参加，一大批年轻人由此走进了高等院校。颇高的升学率使海口市业余大学成为当地极负盛名的高考补习学校。回忆往事，李本钧认为，此生做的最有意义的事情就是帮助许多有志青年圆了大学梦。

1981年，怀揣梦想的李本钧认为自己也需要深造，于是参加了中共广东省委党校（以下简称"广东省委党校"）硕士研究生考试。1000多名考生中，李本钧名列榜首。读研期间，李本钧积极撰稿，发表论文。一次，他针对当时一位著名经济学家的文章写了一篇商榷文，半个月后就被全国最好的经济学刊物之一《经济研究》采用了，这让老师和同学对他刮目相看。毕业之后，李本钧以优异的成绩留校工作。从1984年到1992年的8年时间里，李本钧完成了"三级跳"。他先任广东省委党校经济管理教研室副主任、讲师，1987年挂任中共鹤山县委副书记，1989年返回广东省委党校任教研室主任、教务处处长。1992年之后，39岁的李本钧成为广东省委党校领导班子成员，42岁开始主持广东省委党校工作，任常务副校长。

## 多岗历练：从理论工作到地方工作

主持广东省委党校工作后，在省委的领导下，李本钧创新教学内容和方法，不断提高教学水平。1997年，李本钧调任中共广东省委宣传部常务副部长，分管全省的理论研讨和宣传工作。一年后又兼任广东省社会科学院院长和党组书记。1998年，适逢广东改革开放20周年，作为广东改革开放的亲历者，李本钧团结带领全省理论工作者，编辑出版了一批影视、理论读物，在社会上产生了积极的影响，为总结广东改革开放的经验、为宣传中国特色社会主义理论脚踏实地、卓有成效地开展工作。2000年，因工作需要，李本钧重返广东省委党校任常务副校长，并按照省委的指示，大力推动广东省委党校的教学改革，以加强党性锻炼和现代化知识教育为抓手，努力把广东省委党校打造成为广东省领导干部成长的摇篮。与此同时，顺利推动和完成了广东省委党校与广东行政学院的合并工作。2002年，全国党校工作会议期间，中央领导人在中南海召开座谈会，李本钧作为指定的3名代表之一做了汇报发言。会后，他还接受了当时《瞭望》总编辑的专访。

2004年年初，李本钧离开了20多年的理论研究和教学工作岗位，被任命为中共揭阳市委书记，并当选为揭阳市人大常委会主任，开始了地方从政工作。主持揭阳市委工作期间，李本钧深入开展调研工作，提出了"一河两岸"经营城市的理念，制定了大力扶持民营经济和狠抓基层政权建设的工作方针，为揭阳日后的发展提供了宝贵的思路。

## 从政侨联：从地方走进北京

2004年7月，李本钧被任命为中国侨联党组成员、专职副主席，从地方走进北京，开始新的工作。

李本钧出生于一个华侨家庭，祖辈都是漂洋过海到美国打工的华侨，他从小就比较了解华侨，对华侨有着深厚的情感。到中国侨联工作后，他虚心请教侨务战线的老同志，广泛阅读关于华侨的历史材料，认真学习党和国家侨务工作的方针政策。在接受采访时，李本钧对华侨的历史如数家珍，特别强调了海南籍华侨的历史贡献。他讲到抗日战争时期修建的滇缅公路，在陈嘉庚先生招募的3000多名南侨机工中，差不多每10人中就有1人是海南籍华侨，他们为中国抗日战争流血牺牲，名垂史册。

由于天然的华侨情怀，李本钧出访了许多国家，访问和看望了许多侨领和华侨社团。广交新朋友，深交老朋友。每到一个国家，他都介绍祖国的新发展、新变化，引导华侨爱国爱乡，维护国家统一，为凝聚侨心、汇集侨智、发挥侨力，为华侨回国参与建设不懈努力。

2018世界海商（博鳌）高端论坛在海南博鳌开幕，近30个国家和地区的1000多名海南籍商人代表齐聚一堂。李本钧在出席论坛时说："侨胞众多是海南发展的一大优势，海南发展需发挥海外侨胞、港澳台同胞的重要作用。"他呼吁在座的海外琼籍商人，围绕国家、海南发展战略和人民美好生活的需要，各尽所能，各展所长，把海外资金、技术、管理、人脉等优势和资源发挥出来,在追求个人梦想的同时,为海南的繁荣富强,为家乡父老的福祉做出积极的贡献。

## "一国两制":从内地到境外

2007年,李本钧被派往澳门工作,任中央人民政府驻澳门特别行政区联络办公室副主任。因长期在广东工作,又有4年侨务工作的经历,他与港澳各界比较熟悉,到澳门工作之后,很快便融入澳门社会。遵循中央"一国两制,澳人治澳"的方针,他在澳门各大中学校和青年社团中广泛开展爱国主义教育,与特区政府组织青少年到内地参观学习,让爱国主义的传统不断传承下去。由于他的海南人情怀,每次澳门、海南乡亲联谊会有活动,李本钧都出席,与大家结下了深厚的友谊。李本钧回忆说,在澳门工作6年,能够亲身参与"一国两制"的实践,广交澳门朋友,是他一生中最难忘的经历。此外,在澳门工作期间,李本钧发挥多年从事理论研究的优势,单独或参与完成了关于澳门社会教育民生重大问题的课题调研,主持了"'一国两制'条件下舆论宣传工作规律研究""澳门青年学生工作方式方法""澳门新生社会力量研究""关于依托大广海湾经济区打造珠江西岸'深圳'的研究报告"等重大课题多项。

一路走来,李本钧坦言:"我就是一个普通人,没有想过会当官,更没有刻意追求仕途;我喜欢理论研究,但我不能辜负党和国家的信任，我做的每一份工作，都没想过要回报，只是尽我最大的努力去做好每一件事。"

虽然离开海南多年，但是李本钧依然对海南魂牵梦绕。他说："海南人勤劳忠厚，我传承了海南人的优点。现在我每年至少回一次海南，走进那片岛屿，总有一种亲切感、一种力量、一种情怀让我心潮澎湃，无法忘怀。我从海南走来，海南是我的第二故乡。"

（佚名）

# 王珣章：
# 坚守爱国赤子心

王珣章，1951年出生在印度尼西亚锡江市，祖籍海南琼山。1968年至1973年在广东省海南国营西联农场工作，1973年至1976年在中山大学生物系昆虫专业学习，1976年至1978年任华南热带作物学院教师，1978年至1980年在中山大学生物系昆虫病毒学专业攻读硕士学位，1980年至1984年在英国牛津大学病毒学专业攻读博士学位，1984年至1986年任中山大学教师，1986年至1994年任中山大学生物工程研究中心副主任，1994年至1995年任中山大学生命科学学院院长，1995年至1999年任中山大学校长，1996年至1997年还曾任致公党广东省委会副主委，1997年至2017年任致公党广东省委会主委、致公党中央委员会副主席，1998年至2018年1月任广东省政协副主席。

王珣章：坚守爱国赤子心

1951年,王珣章出生在印度尼西亚锡江市一个爱国华侨家庭。小时候,每逢周末中国驻锡江领事馆放映电影,他总是准时到场。银幕上祖国如火如荼的建设场景使他激动不已,爱国情愫便从那时开始产生。王珣章的祖籍在海南琼山,因父母在革命老区受到共产党的影响,故这个家庭深深地爱着自己的祖国。1965年,王珣章14岁,这个执拗的少年告别父母,带着几多梦想、几多憧憬,只身登上了回国的轮船。

当时印度尼西亚政府对儿童入学没有年龄限制,所以王珣章4岁半就上了小学。回国后,他在广州华侨学生补习学校上学,虽然比班里同学要小很多,但成绩是班里最好的。如果按正常发展,他16岁就能上大学,随后便可一展报国宏愿。但"文化大革命"打破了他的梦想,将他带入艰苦的上山下乡岁月。

改革开放后,王珣章作为第一批留学人员前往英国牛津大学攻读博士学位,"报效祖国"的宏愿真正化成了具体行动。起初,在牛津大学某研究所,人们都用怀疑的目光看待这个来此学习的唯一的东方人。可是不久,人们便看到了他的实力。他的名字不断见诸世界一流的学术刊物,尤其是他的博士论文,更得到其导师、著名病理学家Kelly教授和牛津大学聘请的主考官的极高评价。1984年,王珣章毅然谢绝了导师和朋友的挽留及高薪聘请,再次踏上了归国之路。

和许多从国外归来的学者一样,王珣章也遇到了一些困难。无经费、无助手、无设备、无实验室,但他没有埋怨,更没有后悔,而是自己动手,克服困难,一个项目一个项目地做。由小到大,积少成多,他的事业终于进入良性发展阶段,在昆虫病毒分子生物学与基因工程研究领域取得了突破性进展,其主持的"重组杆状病毒的研究"等课题,数次获得国家自然科学基金的资助,其研究成果处于国内领先水平,达到国际先进水平。他坚持学科渗透,指导的硕士研究生、博士研究生和博士后遍及昆虫学、动物学、生物化学、物理学和医学等学科领域,为国家培养了一批又一批高级专门人才。

多年的知识积累、多年的苦干实干,使王珣章幸运地与几个"最年轻"连在了一起。1985年,34岁,成为当时广东省最年轻的副教授;1990年,39岁,成为当时全国生物学界最年轻的博士生导师;1995年,44岁,荣任中山大学校长,也是当时全国34所重点大学中最年轻的校长。如果说,对前两个"最年轻",他感到较多的是荣幸,那么,对后一个"最年轻",他感到更多的是压力和挑战。但既然"天将降大任于是人也",那就总要搏一搏。

上任伊始,王珣章提出了自己的办学思路——放权。当时中山大学有9个学院,29个系,22个研究所,30个研究中心。这些部门的领导都直接对校长负责,因此,王珣章的日常工作千头万绪。王珣章和新一届校领导班子采取了一系列措施,将系、所归到学院,增加学院的建制和权力,使学院实体化。对学院,校方给政策,使之能够相对独立地行使权力。校方的职责是,抓目标管理,抓总体规划。

组建一支教学精、科研强的中青年教师队伍,是王珣章工作思路中的重中之重。他的宗旨是,不仅要为中青年教师提供良好的科研环境,更重要的是为其提供宽松的学术氛围。因此,许多归国留学人员在考察了众多院校后,宁愿放弃其他院校提供的优厚的物资条件而选择中山大学。在王珣章的带领下,中山大学形成了以中青年教师为骨干的高水平的教学科研群体,这在全国重点大学中是比较突出的。1997年,广东省评出首届优秀青年科学家10名,中山大学占了5名。同年,国家评选杰出青年基金获得者,中山大学入选3人,和北京大学等5所高校并列第一。

做学者也罢,做管理者也罢,王珣章最看重的是做人。作为学科的学术带头人,王珣章以其尖端的科研成果,得到党和人民给予的荣誉:1991年获得国家教委和人事部授予的"全国有突出贡献的归国留学人员"称号,1994年被国家教委评为"跨世纪的优秀人才",1995年获得国务院授予的"全国先进工作者"称号。在做好行政工作的同时,王珣章从未放弃自己钟爱的科学研究工作。他白天做行政工作,晚上搞科研,既不愿辜负组织和同志们的殷切希望,也不想放弃自己毕生追求的科研事业。

1997年，王珣章的人生道路出现了新的转折点。这一年，他当选为致公党广东省第八届委员会主委、致公党第十一届中央委员会副主席，次年1月又成为政协广东省第八届委员会副主席，从此走上民主党派的领导岗位，在参政议政舞台上奉献他的智慧，实现他的报国之志。他积极参加由中共广东省委主持召开的协商会、座谈会，并建言献策，提出"知识经济"问题，并以此高度审视广东经济发展思路，当场得到了时任中共广东省委书记李长春的肯定，并把他的建议纳入报告中。1998年，在讨论广东经济发展问题的座谈会上，他提出要建立高新科技风险投资机制，当场得到了省领导的赞同。

2002年以来，王珣章先后随中共广东省委领导到深圳、江门、河源等地考察工作。作为涉侨参政党的领导人，王珣章在考察中非常注重发挥致公党的"侨""海"特色。在深圳留学人员创业园考察时，王珣章了解到，虽然中共深圳市委、市政府非常重视留学生创业园的工作，但是相关职能部门在服务上往往不到位，他当场向省领导反映了这个情况，引起了省领导的重视。在江门考察时，王珣章提出，江门是著名的侨乡，在海外有很大的影响力，可以在"侨"字上进一步做好文章，把江门侨乡建设好。

2008年春，广东省北部遭到了百年不遇的特大冰雪灾害。王珣章十分关心受灾地区的群众，号召致公党广东省党员为灾区群众捐款、捐物，帮助群众渡过难关。同年5月22日下午，四川汶川大地震发生后第10天，广东省政协外事侨务委员会在机关举行"广东省政协外侨委委员、侨界人士、海外侨胞向汶川大地震灾区捐款仪式"，时任广东省政协副主席王珣章出席仪式并接受捐赠。这一年，王珣章57岁，离他初任致公党中央委员会副主席、广东省政协副主席已经10年有余。这10年，是崭新的10年，也是情系于民的10年。

如今已经卸任致公党广东省委会主委一职的王珣章，又开始担任广东欧美同学会、留学人员联谊会首任会长。他说，他这一辈子都在做与"侨""海"有关的工作。说起华文教育，他说自己的孙子在加拿大，也在学中文。

（佚名）

# 陈蔚文：
# 行医为官德为先

陈蔚文，1950年出生，海南海口人。早年在海南华侨中学学习，1968年下乡当知青，1973年回城读中医，毕业后在海南人民医院当医生。1979年在广州中医学院攻读硕士学位，毕业后留校任教。1985年教育部公派留学法国，获巴黎第七大学医学科学博士学位。1989年回国后到广州中医学院（今广州中医药大学）工作。2006年至2016年任广州中医药大学副校长。2003年起先后任第九、第十、第十一届广东省政协副主席，第八、第九届台盟中央委员会副主席，第五、第六、第七届台盟广东省委会主委。2015年至2018年兼任广东省社会主义学院院长。曾任中共十五大、十六大代表，第九、第十、第十一届全国人大代表，第十二届全国人大常委会委员。现任广州中医药大学学术委员会主任、教育部重点实验室主任、首席教授、主任医师、博士生导师。

陈蔚文：行医为官德为先

把目光回溯到 2014 年 3 月 12 日的"两会",陈蔚文在接受新华社记者采访时呼吁,两岸应协商给予定居大陆的第一代台胞提供入台便利。1950 年 9 月出生的陈蔚文,1968 年 12 月参加工作,1981 年 9 月加入中国共产党,1983 年 3 月加入台盟。

在记者的摄像机面前,陈蔚文表示,据有关部门统计,第一代台胞(包括改革开放前从台湾岛内外以各种方式到大陆定居的台湾省籍同胞)在大陆有 1000 人左右,他们在两岸关系中发挥着积极的、不可替代的作用。近几年来,随着两岸关系的良性发展,第一代台胞返台的条件已有所改善,但有台胞反映,在具体申请办理中,仍遇到很多困难。陈蔚文呼吁,两岸有关部门应就此协商,争取出台政策,以使在大陆定居的第一代台胞可以根据本人需要申请 1 年以上、5 年以下居留签注,在居留签注有效期内凭居留签注在台湾居留和入出境,以免除委托大陆旅行社代办赴台个人游"入台证"等手续。

陈蔚文毕业于法国巴黎第七大学 Xavier-bichat 医学院细胞生物学专业,获博士学位。他在海口市郊海秀公社做过知青,在海南人民医院中医科做过医生,后在广州中医学院工作,先后任脾胃研究所所长、中药学院院长、大学副校长,现任广州中医药大学学术委员会主任、岭南中药资源教育部重点实验室主任、首席教授、主任医师、博士生导师,兼任广东省中药材种植行业协会会长。2001年,他任学科带头人的中医内科学学科,顺利通过了重新评审工作,再次成为国家重点学科。他任学校脾胃研究所所长期间,全所承担各级课题共62项,获得包括国家科技进步奖二等奖在内的12项科研成果奖。

1989年留学回国工作至今,陈蔚文主持完成国家自然科学基金重大研究计划重点项目——"脾虚证消化吸收障碍亚型的功能基因谱与模式识别研究"、"十一五"国家科技支撑计划项目——"慢性胃炎中医优化治疗方案及其疗效评价模式研究"等国家级课题6项,主要参与完成国家重点基础研究发展计划("973计划")项目"方剂关键科学问题的基础研究——方剂配伍理论的研究"等国家级课题3项,并主持完成省部级项目8项。作为第一完成人的科研成果获得教育部科学技术进步奖一等奖1项、广东省科学技术奖二等奖2项;获国家发明专利授权5项;主持"和胃止痛胶囊"新药研制获得国家新药证书;主编出版学术专著5部、全国高等中医药院校教材2本,发表学术论文100多篇;培养博士后、博士研究生和硕士研究生共74名。1993年起享受国务院特殊津贴,先后被评为广东省优秀共产党员、全国留学回国人员先进个人,并被授予留学回国人员成就奖奖章。

2003年至2018年,陈蔚文先后任广东省政协副主席、台盟中央委员会副主席、台盟广东省委会主委、广东省社会主义学院院长，并当选中共十五大、十六大代表，第九、第十、第十一届全国人大代表，第十二届全国人大常委会委员。陈蔚文在台盟广东省委会，主要是联络广东省的台湾籍人士共同为两岸交流做工作。当他了解到在大陆求学的台湾医科专业学生毕业后不能参加祖国大陆医师资格统考时，他在全国人大会议期间多次向有关部门反映，引起了有关部门的重视，从而促使这一问题得到解决。

2015年4月，陈蔚文率台盟中央调研组一行赴云南调研台湾农民创业园建设发展情况。陈蔚文表示，石林台湾农民创业园经过6年多的发展建设，已经搭建起国家级农业园区及对台交流合作的平台；针对大家提出的意见和建议以及石林台湾农民创业园遇到的困难和问题，台盟中央委员会将认真梳理总结，及时向有关领导和部门反馈，深入探索台湾农民创业园发展建设的途径，为促进全国台湾农民创业园进一步发挥对台交流合作平台作用做出积极贡献。

陈蔚文认为，当代医学知识的更新速度或许仅次于计算机领域，我国城市的大医院"越办越大，越办越强"，与农村和基层的资源分配不均等。因此，他建议建立科学合理的人才流动和资源分配制度，扶持社会医疗机构，合理分流病患者，改变人们大病小病都往大城市大医院跑的现象。

针对记者提出的台资登陆办医是否会冲击大陆公立医院的疑惑，

陈蔚文指出，台湾医疗资源登陆是一种有益的补充，尽管台湾医疗资源具有某些方面的优势，但在人才、资金和规模上，并不足以形成冲击，反而是对大陆医疗体系的有益补充。陈蔚文也强调，要发挥包括台湾医疗资源在内的社会办医的作用，至少需要做好两个方面的工作：一是要逐步将社会办医纳入我国的医保体系，二是要加强对社会办医的监管力度。

（杜开旭）

# 林浩然：
## 潜精积思于科研，以身立教于学子

　　林浩然，1934年出生，海南文昌人。1954年，毕业于中山大学。先后任中山大学生物系系主任，国际内分泌学会理事，亚洲水产学会理事，中山大学水生经济动物研究所所长，水生经济动物繁殖、营养和病害控制国家专业实验室主任，中山大学学术委员会委员、学位委员会委员、生物学分委会主席，亚洲和大洋洲比较内分泌学会理事，中国动物学会常务理事，中国动物学会内分泌学会理事长，广东省动物学会理事长。1986年，经国务院学位委员会批准为第三批博士生导师。1997年11月，当选为中国工程院院士。

林浩然：潜精积思于科研，以身立教于学子

秋意深浓，10月的阳光与烟雨隔着时光的河流映照出一段醇厚的岁月，林浩然老先生讲起的，正是那段镌刻于生命深处的光阴。初次见到他，耄耋之年的沧桑无法掩饰他那份睿智与淡泊。他的讲述平实自然，没有任何华丽的辞藻与激扬的语调，尽显一个科研工作者的严谨与认真、一位知识分子的情怀与坚守，有着打动人心的力量！

## 以患难时心居安乐，以屈局时心居广大

1934年，林浩然出生在海南省文昌市的一个小村庄里。他4岁的时候，日本侵略的战火烧到海南岛。为了躲避战乱，父亲将他与哥哥两个放在箩筐里，一路担着他们出了文昌，一家人背井离乡，坐帆船渡过琼州海峡，来到了广州湾（今湛江）。当时正值抗日战争时期，他们在广东、广西、贵州、四川、重庆等地辗转。父亲是毕业于国立北平大学的高才生，一生从事教书育人的工作，是典型的中国知识分子。不管生活多么颠沛，父亲始终没有放弃对兄弟俩的教育，每逃到一个地方，父亲都坚持为他们寻找学校，让他们读书。即便是在逃难的途中，兄弟俩也没有停止学习。林浩然清楚地记得，为了躲避日军轰炸，

他们躲进了防空洞，在洞中，父亲捧着书本教他们兄弟俩认字。洞外战火连天，洞内却是知识的海洋，家国山河的情怀那时也在林浩然心中埋下了种子。

因为逃难，学校与班级经常更换，所以林浩然基本没有完整的小学、初中和高中的受教育经历，但即便如此，也没有影响他的学业。在昏暗的桐油灯下，他自学了所有的课业。抗日战争胜利后，林浩然随着家人又辗转到南京、香港。1949年中华人民共和国成立时，林浩然正在香港读高中。那时父亲决定到南洋教书谋生，但林浩然一心想着报效祖国，所以选择回内地读大学。经过重重波折，1950年，林浩然进入广州岭南大学读书。父亲想让他学医，但阴差阳错他进入了生物系，接触到了脊椎动物学。在学习的过程中，种类繁多和经济价值高的鱼类引起了他的兴趣。

在20世纪60年代，我国的鱼类养殖生产面临三大难题——苗种不足、饲料欠缺以及病害流行，这影响了养殖的产量与质量。林浩然认识到鱼类人工繁殖和苗种培育的重要性，决定专注于研究这个方向。1952年，岭南大学并入中山大学。1954年，林浩然从中山大学毕业，毕业后他选择留校教书育人，做研究。这个选择，可以说是源自父亲一直以来对他的影响，他早已决定留在学术家园中为国家、为人民多做贡献。

林浩然经历过炮火连天的战乱，也见识过战乱中的民生疾苦，他从旧社会走来,又历经了改革开放的春风。深植于心的家国情怀是这一代老科学家的时代情怀,林浩然在一生的科研之路上保持着这样的情怀。他怀揣理想,但也心怀生活;他放眼宇宙,但也心怀国家和人民;他仰望星空,却也从不曾忘记低头看路!

### 锲而不舍若骥行千里,虚怀若谷如海纳百川

20世纪60年代,随着上山下乡运动的展开,林浩然也被下放到英德去劳动,养猪、种田、开拖拉机,他什么都做过。那时,因为父亲在新加坡教书,他有海外背景,所以处处受限,但他始终保持乐观的心态,相信总有一天他还会返回讲台,返回他的学术家园。他的判断是正确的,几年后,他结束了在乡下的劳动,又回到了中山大学。1979年,随着改革开放的来临,国际交流越来越频繁,国家开始派遣学者去国外学习。林浩然的英文基础很好,经过重重选拔,他以优异的成绩入选为我国第一批赴加拿大的访问学者。当时的加拿大是鱼类生理学研究水平最高的国家。林浩然怀抱着一个坚定的信念:将西方国家先进的知识与理念学到手,为祖国做贡献。

在加拿大期间,林浩然夯实基础理论,在不列颠哥伦比亚大学和阿尔伯塔大学学习,得到了D.J.兰德尔、R.E.彼德、E.唐纳森等国际一流鱼类生理学家的亲自指导。1982年,林浩然学成归国,并与R.E.彼德教授一起获得了加拿大国际发展研究中心(IDRC)的经费资助,展

开了一段长达10年的合作研究。

鱼类在自然环境下可以顺利成熟产卵、繁衍后代，但在人工养殖条件下，许多鱼类不能正常成熟产卵，需要人工注射催产激素。当时在世界各地，对于鱼类人工繁殖，使用的还是传统的鱼类催产剂（即鲤鱼脑垂体和人体绒毛膜促性腺激素）。这种催产剂不仅成本高，供不应求，而且用来繁殖鱼类的效率亦不尽如人意。因此，提高人工繁殖鱼类的产量，研制出新型鱼类催产剂成为林浩然的目标。他与R.E.彼德教授以我国主要淡水养殖鱼类为研究对象，论证了鱼类促性腺激素的合成与分泌受神经内分泌双重调节的作用机理，发明了多巴胺受体拮抗剂和促性腺激素释放激素类似物诱导鱼类产卵的新技术，并将此技术应用于国内外的鱼类人工繁殖中，极大地提高了鱼类人工繁殖的产量。这一研究成果在世界上属于首创，被誉为鱼类人工催产的第三个里程碑。在1987年的"诱导鱼类繁殖"国际学术会议上，该项技术被命名为"林彼方法"（Linpe Method）。"林彼方法"获国家教委科技进步奖二等奖、国家科学技术进步奖三等奖、光华科技基金二等奖，被国家科委列入1995年国家级科技成果重点推广项目。在2012年的阿根廷布宜诺斯艾利斯举行的第七届国际鱼类内分泌学学术会议上，林浩然荣获"终身成就奖"。

在林浩然60余年的学术生涯中，他以勤奋、好学、坚持、专注的精神，数十年如一日地进行研究。除了"林彼方法"以外，他的研究成果还有很多,如鱼类新型催生长剂试制品、诱导鳗鲡性腺发育成熟新技术、石斑鱼繁殖与生长调控和苗种规模化繁育技术、罗非鱼优质品种选育及产业化关键生产技术、中国大鲵子三代全人工繁殖与苗种规模化培育技术等。他将产、学、研紧密结合,实现科技成果产业化,由这些科技成果转化而获得的经济价值十分显著,对我国水产行业的健康可持续发展具有重要的意义。同时,他主持完成包括10项国家自然科学基金、2项中国与加拿大国际发展研究中心(IDRC)合作研究基金在内的30多个研究项目,在国内外发表学术论文350多篇,论文被引用近千次。他编著了《鱼类生理学》《鱼类生理学实验技术和方法》《动物生态学》《比较生理学》等教材,翻译了《鱼类神经内分泌学》等科研著作,培养了80多名硕士研究生、100多名博士研究生,对我国鱼类生理学的学科发展和人才队伍建设起到了积极的促进作用。

### 传道授业薪火相传,耄耋之年恭敬桑梓

勤奋努力,谦虚好学,持之以恒,甘于寂寞,乐于学习新知识,具有创新精神,也是林浩然60多年来在学术研究上身体力行向后辈们传达的学术精神。多年来,他都坚持7点起床,运动和早餐后,开启一天的研究工作,日复一日,年复一年。"现在年青一代的条件比我们那个时候好很多,但是面临的诱惑也多,希望他们静下心来,不要太执着于名利,潜心去做学问,坚持不懈,自强不息,克服一切困难!"

林浩然说道,"正如马克思说的,在科学的道路上没有平坦的大道可走,只有不畏艰险,沿着陡峭山路勇敢攀登的人,才有希望达到光辉的顶点。这是我从年轻至今的座右铭。只要选择了做学问这条路,就要坚持下去!"

"我毕生都在为科学发展做努力,为培养更多优秀的学生、扶持年青一代做努力,这是我的理想!"他谈道,一代科学家的能力是有限的,但是一代传一代的力量是无穷的。

谈到家乡海南,林浩然掩饰不住自己的一片游子深情。他从4岁离开文昌,至今已有80年,他无时无刻不在牵挂着家乡。对于海南岛的建设,林浩然一直怀着热切之心,希望家乡有更好的发展。他谈道,如今海南面临着建设国际旅游岛、自由贸易试验区与中国特色自由贸易港的重要时机,应建立高标准:首先是在社会经济建设方面设高标准,其次是在环境生态方面设高标准,这两方面并重发展。关于教育,他认为人才与教育的发展息息相关,当务之急是要创造条件吸引人才、引进人才,而这需要一个完整的计划并逐步实行。

2005年,林浩然被聘为海南大学的兼职教授。十几年间,他为了家乡海洋渔业的发展、优秀人才的引进等孜孜不倦地努力。海南是渔业大省,但海洋经济并不发达。以前,海南养殖户要到外地购买石斑鱼的鱼苗。后来林浩然带领研究团队和企业实行产、学、研合作,成功地实现了石斑鱼雌雄亲鱼同步成熟和自然产卵,培育出大批量、大规格种苗，把海南打造成为名副其实的石斑鱼繁育中心。现在，全国85%的石斑鱼鱼苗出自海南，这无疑对海南的渔业发展起到了重要的推动作用。

"海南有丰富的海洋生物资源、优质的海洋生态环境，在海洋渔业方面的发展有无限的潜力，并且，这些特点对专业人才有重要的吸引力。我们应该利用好这些优势资源。"林浩然身体力行，促进海南人才建设工作。他在海南大学设立专项奖学金，帮助海南申报建设国家重点实验室，参与三沙院士工作站建设。同时，在他的牵头下，由中山大学帮助培养海南大学研究生，鼓励学生毕业后返琼工作，充实海南的科研人才队伍。

也许很多中大学子都曾在校园中见过一位头发花白、衣着朴素的老人骑着自行车出入。但又有多少人知道，这位默默无闻的老人，曾取得举世瞩目的杰出成就：他在鱼类人工繁殖和苗种培育的研究方面做出了卓越的功绩；他用毕生的心血推动中国鱼类生理学的学科发展，培养了一批批优秀的学子；他的学术成果无论对科学的发展还是对由此而转化成的经济价值来说，都不可估量。又有多少人知道，这位学术界的泰斗，对故乡海南有着令人动容的赤子情怀！他身体力行，为家乡海洋渔业的发展与人才建设尽心尽力，在80多岁高龄时仍然奔波往返于琼、粤两地；他坚持每年出资设立奖学金，资助品学兼优的学生；他带头前行，扶持后辈，希望通过自己不停歇的脚步,使家乡发展向前迈进一大步。这位貌似平凡的老人,倾其一生做出了最不平凡的贡献!

(王玉婷)

## 张 偲：
## 探索斑斓海洋，笑谈快意人生

张偲，1963年出生，海南文昌人。海洋生态工程学术带头人。中国科学院南海海洋研究所和南方海洋科学与工程广东省实验室（广州）研究员、博士生导师。2013年，当选中国工程院院士。

有效鉴定海洋微生物新科1个、新属12个、新种39个、新化合物136个，获国药准字新药生产批文1个，研发海洋生物绿色新产品16个，是我国第一个海洋微生物"973计划"项目"海洋微生物次生代谢的生理生态效应及其生物合成机制"的首席科学家。

张偲：探索斑斓海洋，笑谈快意人生

海南文昌，古称紫贝，自西汉建置已有2100多年的历史，为海南三大历史古邑之一。由文昌市中心出发，向东北方向走大约50千米，就是海南岛东北部的第二高峰——抱虎岭，因山势狰狞，形似巨人抱着一只老虎而得名。1963年10月，张偲就出生在抱虎岭所在的翁田镇。

张偲的父亲是一名小学教师，母亲在家务农，操持家务，照顾4个年幼的孩子。生活虽然艰苦，但父母节衣缩食供养孩子们上学，鼓励他们好好学习，将来成才报国。张偲自小聪明，且勤奋好学，再加上父亲的熏陶和影响，从小学到中学，他的成绩一直保持得很好。高中时代，他就萌生了报考海洋大学，献身海洋科研的念头。

1981年，张偲如愿以偿，从当地著名的高中文昌中学毕业，以第一志愿考上远在青岛的山东海洋学院。1981年9月，他怀着对海洋大学的渴望，经过7天的辛苦奔波，终于来到了青岛。回忆起在山东海洋学院读书的那段日子，张偲说："当时每月有国家补助的19.5元生活费，日常的生活开支基本够用。平时也没有太多的想法，主要还是想好好学习。"张偲介绍，当年班里的30名同学中，1人出国，1人休学，直至毕业一直保持着28人的规模。

张偲：探索斑斓海洋，笑谈快意人生

4年的大学时光美好却很短暂。1985年毕业的时候，张偲和班上的其他十几名同学选择了继续攻读硕士学位。他报考了中国科学院南海海洋研究所，跟随谢玉坎教授从事贝类生物学方面的研究，毕业后他留在所里工作。1995年9月，在工作的同时，他又考取了博士研究生，跟随潘金培所长、王宁生教授等从事海洋生物活性物质研究。读博期间，张偲经过多年积累的学术修养和科研实力得以显现，并获得学术界同行的认可。1996年，中国科学院南海海洋研究所选派他访问印度研究与工业委员会，在印度药物工业研究所和印度分子与细胞生物学研究所学习。1997年，张偲获得海南省青年科技奖和广东省首届"十佳博士生奖"。1998年，他获得中国科学院院长奖学金优秀奖，被中国科学院特批为研究员。

从1986年开展硕士学位论文试验研究开始，张偲选择自己的家乡海南省作为科研工作的第一站。在三亚，他顶着烈日，迎着海风，有时甚至会遇上台风和暴雨，但他顽强地坚守着自己对海洋科研的承诺，一干就是10个年头，直到1995年回所专心攻读博士学位。

回忆起自己在海洋科研殿堂里不断成长的经历，张偲说："在学术科研的道路上，遵循中科院'任务带学科'的原则，我不断调整、细化自己的研究方向，从本科时的海洋动物学，到硕士时的贝类生物学，到博士时的海洋生物活性物质，再到今天的海洋微生物多样性。这种调整和细分，让我这个在南海边成长起来的少年，一步一步走进了海洋科研的殿堂。"也正是凭着这种踏实肯干、孜孜以求的进取精神，锋芒初露的张偲立足南海这个大舞台，取得了一系列令人瞩目的成就。

2009年12月，张偲参与我国第一个海洋微生物"973计划"项目。该项目聚焦海洋微生物的特有次生代谢过程及其生物学意义。作为我国热带海洋生态工程的学术带头人，张偲把微生物研究和生态工程相结合，围绕"热带海洋微生物多样性的时空分布特征及其功能"关键生态工程科技问题，开展微生物多样性的观测、认知和利用研究。目前已有效鉴定海洋微生物新属12个、新种39个，从而发展了热带海洋生态工程理论，促进热带海洋生态保护和生物资源利用的工程化，为发展我国海洋战略性新兴产业与海洋生态文明事业做出了突出贡献。

在开展海洋微生物、热带海洋生态工程研究的同时，张偲也重视海洋微生物的绿色利用，并把目光瞄准了海洋药物领域，开展海洋生物活性物质的研究与开发。近年来，他领衔的海洋生物活性物质及其化学生态学学科组先后负责了"热带海洋生物活性物质的利用技术"和国家"973计划"前期研究项目、国家"863计划"课题、中国科学院重要方向项目和广东省优秀团队基金项目等国家和省部级课题33项。其中，"热带海洋生物活性化合物的研究与开发"获得2004年度海南省科学技术进步奖特等奖，"热带海洋生物活性物质的利用技术"获得2007年度国家科学技术进步奖二等奖。

张偲与他的团队分离鉴定了1100多个海洋生物化合物，发现了

136个新化合物，筛选出93个具有抗老年痴呆、抗肿瘤、抗菌或抗动脉粥样硬化的生物活性化合物，完成了国药准字新药"海珠口服液"、两个保健品、多个功能食品、系列化妆品和新生物农药的研制，创造了良好的经济和社会效益。其间，他于2000年担任了广东省海洋药物重点实验室主任，又于2005年以高级访问学者的身份到美国威斯康星大学药学院交流学习。

在潜心一线科研的同时，张偲也注重学术成果的总结和积累，先后在国内外核心刊物发表论文200多篇，出版专著3册，获授权发明专利60多项。张偲在海洋科研领域的辛勤付出，不仅换来了一系列重要的科技成果，也为他赢得了许多的社会荣誉：中共中央、国务院的联合最高表彰，国家技术发明奖二等奖、国家科学技术进步奖二等奖、中国专利优秀奖、海南省科学技术进步奖特等奖、广东省科学技术发明奖一等奖等，并先后获评国务院特殊津贴专家、全国海洋科技先进工作者、首届全国创新争先奖等。

如今身兼中国工程院院士、中国科学院南海海洋研究所所长的张偲，还是喜欢大家称呼他"张偲同志"，多重身份叠加带来的影响就是他比以前更忙了，日程每天都排得很满。献身海洋事业30多年来，张偲那种勇于担当、积极求索的精神给人们留下了深刻的印象。

（杜开旭）

## 叶显恩：
## 海阔凭鱼跃，天高任鸟飞

叶显恩，1937年出生，海南临高人。1962年，毕业于武汉大学历史系。1965年，中山大学硕士研究生毕业后留校任教。1984年至广东省社会科学院历史研究所组建明清经济史研究室，任室主任、研究员。先后任中国明史学会顾问、中国经济史学会常务理事、中国古代经济史专业委员会副主任、广东中国经济史研究会会长等，是享受国务院特殊津贴专家、著名徽学专家、徽学元老级人物，主要代表著作有《明清徽州农村社会与佃仆制》《珠江三角洲社会经济史研究》。

先后应邀访问国内外一些高校和科研部门。曾被聘为美国Luce访问学者、加州大学（UCLA）访问教授、东西方中心高级研究员、日本学术振兴会外国研究学者、大阪大学客座教授，瑞典隆德大学客座教授等。

叶显恩：海阔凭鱼跃，天高任鸟飞

叶显恩，中国区域社会经济史研究的拓荒者、徽学的重要奠基者、享受国务院特殊津贴专家。回顾从1965年至今的学术生涯，叶显恩已出版了自撰、合撰或编撰的学术著作10余部，发表论文100余篇。他以南海子弟的清淑之气，挥写了波澜壮阔的学术人生画卷。

### 北望中原：踏上求学路

1937年7月20日，叶显恩出生在海南省临高县海边一座古朴的村庄——博厚镇五尧村。由于家境清贫，他只断断续续读了六年半书，不满16岁便进入中共临高县委会工作。不久，他被县委书记郭怀信招揽到身边当秘书，着意培养。但是，叶显恩心里有一股追求学问的欲望，这股欲望驱使他走上求学的道路。

1957年9月，叶显恩考上武汉大学历史系5年制本科，北上开始他的大学生涯。虽然老领导郭怀信一直希望他重返海南工作，但他做出了以历史研究为职志的选择。

1962年，他考取了中山大学的硕士研究生，成为著名经济史学家梁方仲教授的入门弟子。在梁先生的指导下，他选择徽州佃仆制度为研究课题，先后到徽州的屯溪、歙县、祁门、休宁、黟县等地进行实地考察，与当年的佃仆同吃同住，以同情和理解之心揭示徽州隐藏的历史密码。

### 徽学的开创者

经过多年的学术历练与沉淀，他终于迎来了自己学术上的第一个春天。1978年起，他连续发表关于徽州研究的一系列论文——《从祁门善和里程氏家乘谱牒所见的徽州佃仆制度》《明清徽州佃仆制试探》《试论徽州商人资本的形成与发展》等，引起了当时海内外历史学界的关注。

1980年，他作为中国史学代表团成员出席中美史学交流会。与会者多为中美两国的权威学者，他是最年轻的学者之一。他提交的论文《关于徽州佃仆制的调查报告》备受称誉，很快便以中、英两种文字在我国哲学社会科学界最高学刊《中国社会科学》上发表。

1983年2月，《明清徽州农村社会与佃仆制》一书出版，引起了海内外学界的强烈反响，尤其得到经济史学界最负盛名的前辈傅衣凌、王毓铨，以及美国魏斐德、日本森正夫等著名学者的称许、赞誉。美国斯坦福大学的施坚雅教授曾对到访的叶显恩说，看了此书后，他放弃了原以宁波、绍兴区域做典型分析的"宁绍研究"计划。

真正有价值的学术成果，需要经过许多年的沉淀和时间考验，《明清徽州农村社会与佃仆制》一书问世 30 多年来，依然为学人所引用。如《徽州社会科学》(2012 年第 10 期)刊出的《构建的云彩与雷声——叶显恩先生发轫徽学》一文中所说，该书"几乎囊括徽州文化的所有课题，成为 20 世纪 80 年代徽州学兴起的奠基之作"。中山大学陈春声教授在祝贺叶先生八秩寿诞座谈会上指出，该书首创了"区域体系"的分析研究方法，在中国做区域体系总体分析者，叶先生堪称第一。陈春声认为该书的学术价值可与费孝通教授的《江村经济》一书相媲美。

### 转向珠三角：徽州与珠三角比较研究

20 世纪 80 年代后期，叶显恩每年都要到珠江三角洲做田野考察，继续运用"区域体系"分析方法和"全球史观"开展对区域历史的研究。当时，美国、欧洲、日本，以及中国香港、中国台湾等地的许多同行学者都曾参与调查，诸如日本的滨岛敦俊、片山刚、姜立，美国的萧凤霞、华琛、鲁比、孔飞力、穆素洁，瑞典的罗思，英国的科大卫，中国香港和中国台湾的叶汉明、陈其南等。叶显恩就北方士民的南迁与珠江三角洲的开发，广州市场的转型与珠江三角洲的商品性农业、手工业的兴起，水上运输与地方市场网络，华侨、侨汇与珠江三角洲经济的演进，等等，进行专题研究，发表了一系列文章。其中大部分已经收入他的专著《珠江三角洲社会经济史研究》。他还就徽州与珠三角做比较研究。这方面的论文也已收入他的另一本专著《徽州与粤海论稿》。这些论著从不同的层面阐释了珠江三角洲的社会经济发展史,为进一步探索如何运用"区域体系"和"全球史观"进行地方历史研究提供了范例。

20世纪八九十年代,叶显恩主持"七五"国家社科基金重点项目"明清广东社会经济研究"和国家社科"八五"规划项目"近代华南农村社会研究",既取得了研究成果,又带出了一批年轻学者。

### 在国际学术论坛上讲述中国故事

自20世纪80年代初始,叶显恩先后应邀访问欧洲、美国和日本,以及中国香港、中国台湾等高校和研究机构。在与国内外专家、学者的学术交流及思想碰撞中,叶显恩成为改革开放后中国对外学术交流的参与者和见证人。

他曾先后受聘为美国Luce访问学者、东西方中心高级研究员、加州大学和普林斯顿大学访问教授,被聘为普林斯顿大学 *The Gest Library Journal* 学刊顾问,还曾受邀访问斯坦福大学、哈佛大学、哥伦比亚大学、纽约州立大学奥本尼分校、佩斯大学、夏威夷大学等,并做学术讲演。

1992年至1993年,日本学术振兴会聘其为外国研究学者。其间,他受聘为大阪大学客座教授、东京大学访问教授,还曾访问日本京都大学、名古屋大学、九州大学、金泽大学、东洋文库、东京外国语大学、大东文化大学、东京女子大学等，并发表学术讲演，与同行进行学术交流。

1993年至1994年，他应邀从日本前往瑞典，任隆德大学客座教授，并访问斯德哥尔摩大学、哥德堡大学等。

叶显恩曾受聘为香港城市大学和新亚研究所客座教授，先后任香港大学、香港中文大学、香港科技大学等访问教授，还曾访问台北"中研院"、台湾大学等，进行学术交流。

### 面向海洋：临高学研究

叶显恩从海南走向世界，几十年来始终对故乡怀抱赤子之心，眷恋之情未曾割舍。耄耋之年，他开始致力于推动临高学研究，并担任海南省临高文化研究会创会会长，兼任广东省海南联谊会常务副会长等职务。

叶显恩认为，长期被湮没的临高语族群的辉煌历史，有着丰富的海洋文化内涵，亟待我们去研究挖掘。这也是他老来提倡临高学研究的重要原因之一。

"老骥伏枥，志在千里。"叶显恩虽年事已高，但仍然活跃在各种学术会议上。他参加各种学术会议，一有机会就谈临高学研究。他每年都要安排时间从广州回家乡海南，探访学界老朋友，同各界人士商议，团结和争取更多的人支持临高学研究。

2016年元旦，在叶显恩的积极筹划和推动下，海南省临高文化研究会成立大会暨临高学学术座谈会分别在海口和临高县举行，海南省政协副主席陈成、中山大学党委书记陈春声教授参加大会。此外，海南、广东两省社会科学界联合会的领导以及专家学者、社会各界120余人参加大会，400多名从事地方文物、风俗研究和文化教育的工作者及中学生参加了揭牌活动。

海南省临高文化（临高学）研究会的成立，标志着海南地方文化研究增加了新生力量，海南地方历史文化研究翻开了崭新的一页。

目前，在海南省有关部门和中共临高县委、县政府的大力支持下，由叶显恩主持的临高学研究专题和15卷本的"临高学丛书"的出版工作正在扎实推进。

在叶显恩的书房幽重室中，挂有一幅书法："幽谷传跫音，篁鸣啸客临。室寒乏旨酒，主为抚瑶琴。"50多年来，叶显恩在学术海洋中一往无前地遨游，既是对事业追求的执着，更体现了一个中国知识分子的家国情怀。让我们衷心祝愿叶显恩先生健康长寿，继续带给我们更丰硕的学术成果。

（王玉婷）

# 林培政：
# 用忠诚的态度追求精致的医术

　　林培政，1951年出生，海南琼海人。曾任广州中医药大学副校长、党委常委，广州中医药大学第一临床医学院（第一附属医院）书记、院长，中国中西医结合学会常务理事，中华中医药学会感染病分会副主任委员，广东省中西医结合学会副会长兼感染病专委会主任委员。知名温病学专家，享受国务院特殊津贴专家，广东省名中医，国家级重点学科带头人，国家级精品课程、精品资源共享课程与优秀教学团队负责人。主编"十五""十一五""十二五"普通高等教育国家级规划教材《温病学》和"十一五"国家重点图书系列中医药高级丛书《温病学》（第二版）等教材与专著7部，以及参编各类医学书籍4部，研究成果获国家级二等奖1项、省级二等奖3项。

林培政：用忠诚的态度追求精致的医术

2003年,"非典"肆虐,全国一片风声鹤唳。有一位运用中医药抗击"非典"的医者,他就是广州中医药大学原副校长、广州中医药大学第一附属医院原院长林培政。林培政回忆说:"抗击2003年的'非典'是我们第一次参加'非典'的临床诊疗工作,当时我们收治了65例'非典'病人,取得了医护人员零感染,病人零死亡、零转院的成绩。"

林培政,1951年10月出生于海南琼海,1985年硕士研究生毕业,是广州中医药大学二级教授、博士生导师、主任中医师和第五届国务院学科评议组成员。曾是广东省中西医结合学会副会长、国家级重点学科中医临床基础学科带头人、国家级精品课程与精品资源共享课程温病学的负责人、广东省教育厅重点实验室主任。1993年起享受国务院特殊津贴,2001年起任广州中医药大学第一临床医学院(第一附属医院)院长,2003年10月起任广州中医药大学副校长、党委常委。"林培政广东省名中医传承工作室"2019年立项建设。

林培政长期从事温病学医、教、研工作,1986年至1987年作为研修员在日本国立神户大学医学部和兵库县卫生研究所进修。回国后,他开展岭南温病理论及其临床应用研究工作,积极投身于刘仕昌教授和彭胜权教授倡导的岭南温病研究,率先总结和发表《近年广东温病特点》的学术论文,参与组创并管理四内科病区。"首创温病学科教、医、研三位一体新体制"1993年获广东省普通高等学校优秀教学成果二等奖(排名第二)。他率领的广州中医药大学中医临床基础学科、温病学课程及中医临床基础教学团队建设成绩斐然,分别成为国家级重点学科、国家级精品课程、国家级精品资源共享课程、国家级优秀教学团队。参与主持国家"八五"攻关子课题"广东气候环境对中风复发的影响及其防治研究"等各级研究项目10余项。2007年,主持"岭南常见病毒性疾病的湿热特征及证治机理研究"项目。1999年主持的"岭南温病理论与临床应用研究"项目获广东省科技进步奖二等奖(排名第二),2001年主持的"刘仕昌教授学术经验整理研究"项目获广东省科技进步奖三等奖,2002年10月获教育部全国普通高等学校优秀教材二等奖(排名第二),2003年获广东省"抗击非典"三等功奖励。主持"中医临床基础教学创新与实践"系列项目分别于2005年、2010年、2014年获广东省高等教育省级教学成果二等奖;教学成果"'重经典、强临床'高素质中医人才培养模式的构建与实践"于2014年获高等教育国家级教学成果二等奖。主编"十五""十一五""十二五"普通高等教育国家级规划教材《温病学》及配套教学用书《温病学习题集》,出版《岭南温病研究与临床》《刘仕昌学术经验集》《温病学说之研究》《温病学》(第二版)等专著,发表学术论文30余篇。此外,林培政曾经访问日本国立岛根医科大学、澳大利亚国立悉尼大学中医学院、芬兰国立赫尔辛基大学医学院及中国香港、中国台湾,进行学术交流。林培政临床经验丰富,医德、医术深受国内外一致好评,培养了研究生等专业人才30余名。

林培政认为:"中医是一个实践性很强的医学,所以离不开临床实践,广东温病临床有'岭南温病'的特点。"为此,他还介绍了一个典型的病例:"当时有一个从ICU转到普通病房的病人,她是细菌感染导致的化脓性脑膜炎,用了大量的抗生素,转到普通病房后仍然发烧,我们就用了中医所说的'邪在少阳'的治疗思路。"他的学生葛文华回忆说:"林校长当时很坚决地说,对于这种情况,既然用西药有可能对病人造成更严重的损伤,那我们还不如不用。"林培政用蒿芩清胆汤为病人治疗了一段时间以后,又用清暑益气汤继续治疗,就是"清中有补"的意思,最后用了五叶芦根汤加减。整个治疗思路是以"清热化湿,益气养阴透邪"为主。后来病人慢慢恢复了正常,不久就康复出院了。从那以后,林培政一直坚持运用岭南温病学说指导临床治疗各种疾病。

林培政教学也有自己的独到之处,他让学生们多提问题,引导他们去思考解决问题,从中得到提高。林培政希望学生能够认真地继承中医,发展中医,创新中医,造福人类,造福世界。林培政经常教育学生:"大医精诚"中讲的医疗责任,是天大的使命;"精"是精益求精,是精细、精致,"诚"是诚心、忠诚,要用一种忠诚的态度来追求精致的医术。不少学生认为:"林校长的学术成就是非常高的,但是他这个人非常低调,给我们的感觉是特别平和近人,是德艺双馨的好老师。"

(杜开旭)

# 程 斌：
# 用坚定信念诠释医者仁心

　　程斌，1964年出生。主任医师，博士生导师，现任中山大学附属口腔医院院长，是国务院学位委员会学科评议组成员、教育部高等学校口腔医学专业教学指导委员会委员、中华口腔医学会口腔黏膜病专业委员会副主任委员、广东省口腔医疗质量控制中心主任、广东省口腔医学会副会长。程斌怀着对党和国家医疗卫生事业的无限忠诚，以坚定的专业追求、精湛的医疗技术、高尚的道德情操、不懈的科研追求和甘为人梯的精神，赢得了广大患者的信赖和社会各界的称赞。他带领团队先后获得国家自然科学基金项目8项、省部级科研项目10余项，为国家医疗卫生事业的发展和人民群众的健康贡献力量，他本人也先后被授予"广东省医学领军人才""广东省教学名师""优秀共产党员"等荣誉称号，获得首届"广东医师奖"。

程斌：用坚定信念诠释医者仁心

程斌怀着对党和国家医疗卫生事业的无限忠诚，几十年如一日，以坚定的信念致力于发展口腔医学事业。2016年7月，程斌被广东省人民政府任命为中山大学附属口腔医院院长，同时，他还兼任国务院学位委员会学科评议组成员、教育部高等学校口腔医学专业教学指导委员会委员、中华口腔医学会口腔黏膜病专业委员会副主任委员、广东省口腔医疗质量控制中心主任、广东省口腔医学会副会长等。

从1987年大学毕业至今，程斌一直坚持从事口腔黏膜疾病的诊治工作。在30余年的专科建设过程中，作为学科带头人，他与全体同人坚守专业岗位，以"全方位满足患者诊治需求"为宗旨，以提高临床与病理诊断符合率、提高治愈好转率、降低并发症发生率为目标，以临床路径管理、单病种管理为医疗质量管理抓手，以转化医学理念为核心，聚焦于口腔潜在恶性病变序列诊治、免疫炎症性疾病联合治疗、口颌面疼痛综合治疗、放化疗口腔黏膜损伤综合防治4个亚专科方向，形成了诊治病种全覆盖、诊疗项目全开展、多学科联合定向诊治的鲜明特色。推动专科建设从无到有、从小到大、从大到强，成为华南地区技术力量最雄厚、诊疗规模最大、专科体系最完整、诊疗水平最先进的口腔黏膜病临床诊治中心，也是我国口腔黏膜疾病诊疗体系的主要组成部分，综合实力位居全国前5位。

为了提升口腔黏膜病的综合诊疗效果，程斌注重多专业、多学科的协同整合，不断提升专科特色优势。在拿到硕士学位后，程斌根据我国口腔医学专科体系，组建了口腔黏膜疾病外科诊疗团队，开展口腔癌前损害的序列诊治和口腔颌面疼痛综合治疗，从而使口腔癌前损害、灼口综合征、三叉神经痛等多种类型疾病患者得到正确的诊断和治疗。

程斌注重临床医学的整合，保持与中山大学各附属医院风湿免疫科、皮肤科、血液科、精神心理科、肿瘤放疗科等多个专科的业务联系和学术交流，定期开展疑难病例讨论或会诊，坚持进行疑难病例的双向、定向转诊，从而使众多以口腔黏膜疾病为表征的系统疾病患者和伴发口腔外系统疾病的患者得到及时、准确、得当的诊治，同时也有效降低口腔黏膜疾病治疗并发症、毒副作用的发生率。程斌先后率先引进益赛普等生物制剂和白芍总苷、他克莫司等药物治疗口腔扁平苔藓等免疫炎症性疾病，并自行配置成药的混合制剂，如庆大霉素等，取得了良好的治疗效果。

程斌从事口腔医学工作30余年，始终坚持工作在临床一线，尽管走上领导岗位也仍坚持每周主持一次科内专科病例讨论，每年应邀参加中山大学附属第一医院风湿免疫科、皮肤科，中山大学附属第三医院精神心理科，肿瘤医院放疗科等三级医院的疑难病例讨论或会诊。

经过多年的积累和实践，程斌成了华南地区首屈一指的黏膜病学专家，众多省内外患者以及港澳台、东南亚地区的患者慕名而来。此外，程斌还积极带头参加"9·20爱牙日"义诊咨询、"名医大讲堂"等公益活动和对口帮扶任务，带领专家教授走上街头、深入基层，为广大群众进行口腔健康宣教、普查等活动，为广大患者服务，为医疗技术相对落后的地区传授先进的口腔诊疗技术。

口腔黏膜病有多种疾病的病因仍不清楚，被医学界列为口腔病重大难题之一。为了攻克口腔黏膜病学的系列难题，程斌积极致力于口腔黏膜病的病因与防治研究，先后主持国家自然科学基金重点项目1项、重大研究计划培育项目1项、面上项目5项，以及省部级科研项目6项、厅局级科研项目3项，发表论文80余篇。主编教育部"十二五"规划教材《口腔医学》，参编教材与专著6部。主持的教学与科研成果荣获广东省教学成果奖一等奖、广东省科学技术奖二等奖、广东省科学技术奖三等奖，为我国口腔黏膜病学的学科进步和发展做出了突出贡献。

作为学科带头人，程斌注重人才梯队建设，通过传、帮、带，促进了一批中青年医师的成长成才，建设了一支结构合理的高水平临床团队。在程斌的严格要求和悉心指导下，口腔黏膜病专科成为一个富有朝气、团结进取的优秀临床团队，其中，教育部"新世纪优秀人才支持计划"入选者2人,广东省高校"千百十工程"省级培养对象1人,省级"青年岗位能手"1人,中山大学优秀青年教师2人。近3年,专科团队先后获得国家自然科学基金项目8项、省部级科研项目10余项,荣获广东省科学技术奖2项。

30多年来,程斌认真地履行一名共产党员的责任和义务,先后被授予"广东省医学领军人才""广东省教学名师""优秀共产党员"等荣誉称号,获得首届"广东医师奖",并感染和激励着每一名医务工作者爱岗敬业、奋发向上,为祖国医疗卫生事业的发展和人民群众的健康贡献力量。

(杜开旭)

## 杨汉勤：
# 医乃仁术，兵心如佛

　　杨汉勤，1939年出生，海南万宁人。1960年7月参加全国高考，被中山医学院（1985年升格为中山医科大学，2001年并入中山大学）医疗系录取，1967年7月毕业分配，受命赴广西762野战医院任内科医师，1973年5月调解放军总医院（北京301医院）工作。1987年8月调回广州，先后在广州军区广州总医院消化内科、干部内科及门诊部等科室任职。从事临床工作近50年，先后在国家和省级医学杂志上发表论文60余篇，主编、参编《中毒急诊手册》《书海拾零》等著作10部。曾被原第一军医大学聘为兼职教授，多次被评为医院及广州军区联勤部优秀党员及优秀党务工作者。2000年4月退出现役，被聘为医院技术顾问并定期出"专家门诊"，至2009年裸退。1991年至今，任广东省海南联谊会万宁分会第二届理事会理事、第三届理事会名誉会长。

杨汉勤：医乃仁术，兵心如佛

60多年前,杨汉勤作为一名天涯边地的农家青年,带着对未来生活的憧憬,跨山越海,从椰风海韵中过来,寒窗苦读,而后又走遍了大半个中国,悬壶济世。在这个过程当中,有困苦,也有甘甜;有艰辛,也有愉悦;有挫折,也有顺境。

**踏上红色之路**

1960年7月,杨汉勤从海南万宁中学高中毕业,参加全国高考,被中山医学院医疗系录取,遂被选录入军医班(国防生),学制6年。1965年6月,加入中国共产党。

1966年7月大学毕业,因"文革"运动,未按时分配工作。直至1967年7月毕业分配,受命赴广西762野战医院任内科医师。1970年5月,被广州军区政治部调往湖南长沙366驻军医院任住院医师。同年11月,该院奉广州军区命令而紧急动员全院大部分人员(主要是党团员),组成769野战医院,调防至湖北省宜昌市当阳县(今当阳市)驻地执行战备任务,转交武汉军区管辖。仅工作了半年,1971年5月,又被武汉军区卫生部选调至武汉军区总医院任军区领导的医疗保健医生。1973年5月，奉解放军总政治部调令，被选调到解放军总医院（北京301医院）工作，安排在临床三部（南楼）任内科主治医师。

## 创立"简易门诊"

1987年8月，杨汉勤申请调回广州，先后在广州军区广州总医院消化内科、干部内科及门诊部等科室任职。从事临床工作近50年，先后获得内科主治医师、副主任医师、主任医师等技术职称，并担任过科室副主任及门诊部主任等医疗行政管理工作，兼任医院片区（9个非临床专科）党总支副书记（书记系政工干部）及科室党支部书记多年。

杨汉勤从心底认为，医生是个崇高的职业，维系着人的生命与健康。"医乃仁术，无德勿从。"在部队，他属现役文职干部，虽然没有戎马征战、拼杀疆场的壮烈，但在军旗辉映的洁白世界里奉献青春，同样有着凯旋战士般的自豪。他身居平凡而又默默无闻的岗位，敬业爱岗，恪尽职守，在无声无息中提高了凝聚力和战斗力。从事临床工作几十年来，杨汉勤经手治疗的患者成千上万，既有基层官兵、普通战士，也有将军、元帅。尤其是在北京301医院工作的15年间，曾诊治过数位党和国家领导人；参与救治过彭德怀、刘伯承元帅；负责诊治过10位大将中的5位；57位老上将（1955年授衔者）中，治疗过的有韦国清、许世友、洪学智、杨得志、周士第（海南籍）等33位。他还治疗过一些国内外知名人士。如中国第一位女将军李贞，著名作家赵树理，毛泽东前夫人贺子珍，"马背书法家"、中国书法家协会主席、军事科学院副院长、原中共山东省委第一书记舒同，我国首位（1920年）将《共产党宣言》翻译成中文第一版本发行的陈望道，国际友人黄文欢（越南国会常务委员会副主席），以及印度尼西亚共产党、马来西亚共产党、泰国共产党、缅甸共产党、波兰共产党等党派主要领导人。

杨汉勤在负责广州军区广州总医院门诊部工作后，门诊的各项规章制度逐步建立健全，门诊秩序及服务态度大有改观。他率先在门诊设立"简易门诊"（普通门诊）诊室，为一些患有慢性病、常见病的患者看病、开药提供了便利。随后，此制度陆续被省内外各医院效仿，直至今日，仍获得广大患者的称赞。此外，他积极组织医护人员外出巡诊、防病治病及开展"军民精神文明共建"等活动，以提升医院知名度。至2000年，全院年门诊量突破50万人次。门诊部连续数年被医院评为医德医风先进集体（科室）及先进党支部。

### 德技双馨结硕果

医学是一门以心灵温暖心灵的科学。安慰、引导、劝解、鼓励一类亲切、温馨的语言，为医患之间架起共战病魔的金桥。从医以来，杨汉勤始终坚持传承"敬佑生命、救死扶伤、甘于奉献、大爱无疆"的崇高精神，自觉维护医学的尊严和神圣，恪守医德，兢兢业业，默默奉献。他曾被原第一军医大学聘为兼职教授，并获该校1988年度优秀实习指导教师奖。他是中华医学会委员、中华医学会消化分会委员、中华门诊学会委员全军门诊学会委员、全国临床药物评价专家委员会委员、国际中华门诊与社区医学会委员及《美国中华心身医学杂志》特约编委等；曾被《中国当代医药界名人录》收录，并入选《中国当代中西名医大辞典》等。2015年，其个人简历被收录入海南省档案馆编写的《海南英才——广东篇》一书中，而其生平事迹也入选《世界杨氏总谱》一书有关"中华杨氏当代名人"的章节中。杨汉勤曾多次被评为医院及广州军区联勤部优秀党员及优秀党务工作者。

从事工作以来，杨汉勤先后在国家和省级医学杂志发表论文60余篇，在报刊上发表医疗信息、医学科普、健康教育及报告文学等10余篇。主编、参编《中毒急诊手册》《健康教育处方汇编》《就诊指南》《门诊概论》《疾病的防、治、养》《老年医疗保健必备》《医院管理手册》《新编肺科临床诊疗手册》《书海拾零》等著作10部，多项科研成果获军队科技进步奖及医疗成果奖。他个人的业绩也被《中国疑难病慢性病求医问药(信息库)》《中国名医诊所》登载。

60多年栉风沐雨，杨汉勤依然不忘初心，砥砺奋进。岁月洗尽铅华，留下的是勤勉、坚持的馈赠。杨汉勤2000年4月退出现役后，仍被聘为医院技术顾问并定期出"专家门诊"，至2009年才裸退。

（杜开旭）

## 邢诒刚：
# 身正心宽传医道

邢诒刚，1945年出生，海南乐东人，中共党员。1964年以优异成绩考上中山医学院医疗系，1970年毕业后留校工作。20世纪90年代初，邢诒刚教授担任神经内科主任，组建了中山大学附属第二医院神经内科、神经病学教研室，使中山大学附属第二医院神经科从无到有，从小到大，由弱变强。邢诒刚教授长期在神经病学的医、教、研第一线工作，努力学习、用心钻研，不断吸取本专业的新知识，提高自己的业务水平，始终把精益求精作为行医治学的毕生准则。主编出版《帕金森病》和《现代神经病治疗学——基础与临床》，编著《中老年神经系统保健》等书籍，是广东省神经科学会常委、广东省医疗事故鉴定委员会特邀委员，多次被评为"先进个人""优秀共产党员""技术拔尖人才"等。

邢诒刚：身正心宽传医道

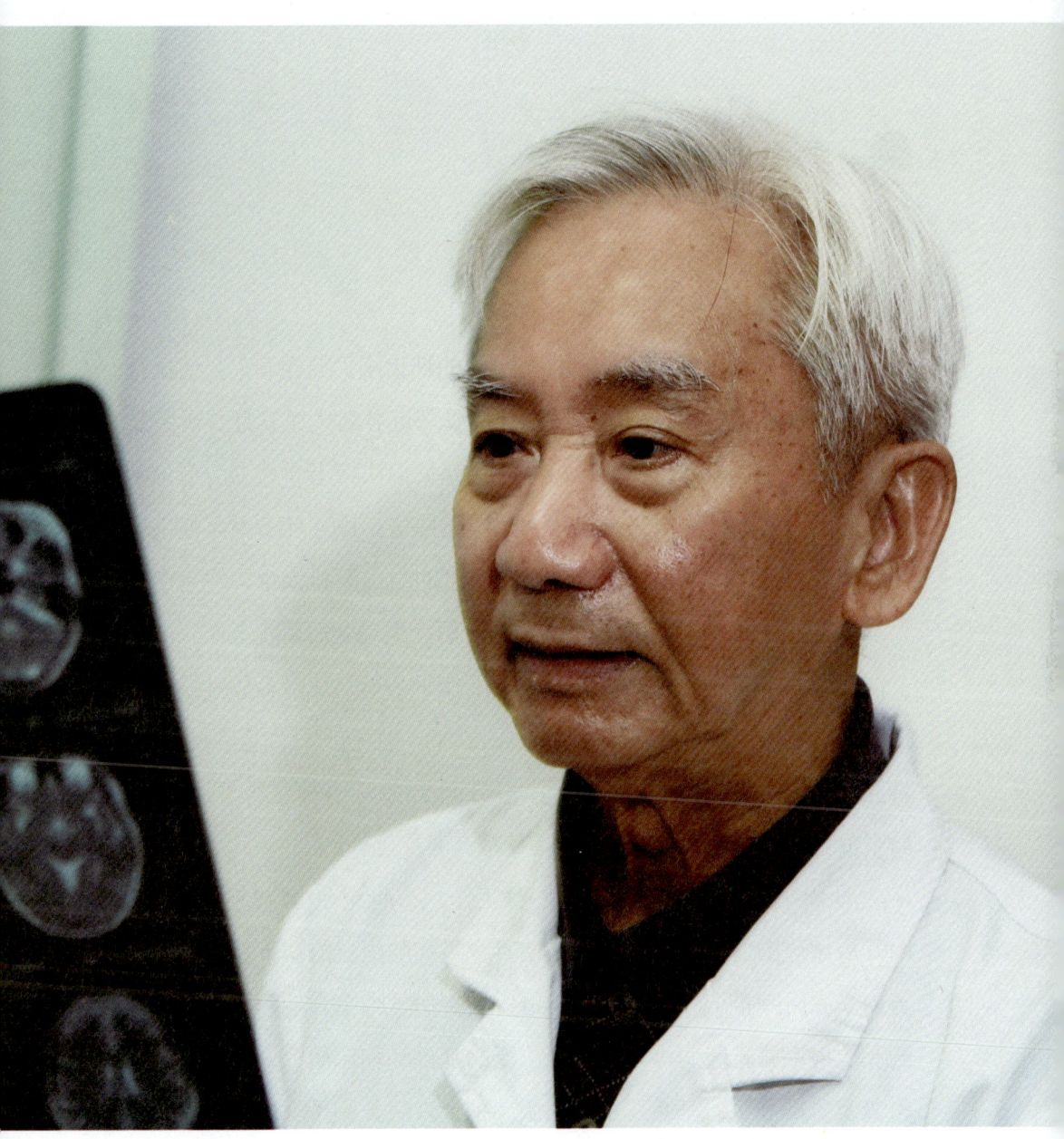

1945年出生于海南省乐东县黄流村的邢诒刚，兄弟5人，他排行第五，父亲是当地有名的中医医师，深受邻近各村人民欢迎，母亲是黄流医院接生员。父亲早逝，靠母亲及兄长们扶持上学读书。邢诒刚从小受父母熏陶，立志当一名医生，救死扶伤。1964年7月，他以优异的成绩考入当时的中山医学院（即后来的中山医科大学，现为中山大学中山医学院），1970年于中山医学院医疗系毕业后留院工作。

在中山医学院，邢诒刚先在内科工作了8年，其中多数时间都是在内科病房，师从多位内分泌科、消化内科、血液内科、急诊科教授。其间，他担任过内科住院总医师，1978年开始从事神经科医师工作。后来负责神经科的病房工作，包括日常查房及会诊。

邢诒刚教授长期在神经病学一线工作，20世纪80年代起率先在省内开展床边脑血肿穿刺抽吸术，使不少重症脑出血的病人康复，并向省内多家医院推广。后来在老年退行性疾病、帕金森病、阿尔茨海默病和放射性脑脊髓病等方面开展广泛的基础和临床研究，取得多项国家级及省部级科研基金。主编出版《帕金森病》和《现代神经病治疗学——基础与临床》，编著《中老年神经系统保健》等书籍。多年来，邢诒刚教授开设讲授、主持国家级继续教育项目，是国家自然科学基金评审专家，国家教育部、科技部评审专家，广东省科技厅评审专家，广东省医疗事故鉴定专家以及多项评审专家库成员。

在长期从事医学临床与基础科研工作和中山医科大学教学工作的同时，邢诒刚教授仍然不忘努力学习、用心钻研，不断吸取本专业的新知识，提高自己的业务水平。他始终把精益求精作为行医治学的毕生准则。

20世纪90年代初，邢诒刚教授组建了中山大学附属第二医院神经内科、神经病学教研室，使中山大学附属第二医院神经科从无到有，从小到大，由弱变强。在他的带领和影响下，神经科全体医生个个勤勉敬业。目前，中山大学神经病学教研室已成为国家级重点实验室，神经病学成为省重点学科。邢诒刚本人先后任中山大学附属第二医院（孙逸仙纪念医院）神经内科教授、主任医师，博士生导师，广东省神经科学会常委，广东省医疗事故鉴定委员会特邀委员，曾多次被评为"先进个人""优秀共产党员""技术拔尖人才"等，已培养博士研究生、硕士研究生近30名。邢诒刚是一位医术精湛、医德高尚的名医，是一位循循善诱、身体力行的良师，是一位平易近人、情趣高尚的智者，是一位知识渊博、见解独到的学者。

从医几十年，邢诒刚教授刻苦钻研、勇于探索，带领学生不断从事专业领域的科学研究，真正做到了"仰之弥高，钻之弥坚"。曾先后主持卫生部造血干细胞移植治疗脑白质营养不良症的研究、省科委基因治疗帕金森病的实验及临床研究、中山大学"211工程"基因治疗帕金森病的实验研究等多项科研课题,进行相关疾病的基因克隆、神经干细胞定向分化的实验和临床研究。他指导学生参与承担了国家"十五""十一五"科技攻关计划,取得了卓越的成绩。他先后在国家核心期刊发表论文近60篇。2002年,他在国内首次成功建立了放射性脑损伤的动物模型,并对放射性脑脊髓病进行了系列研究。在2006年的第一届中法神经病学会议上,他撰写的关于放射性脑损伤的论文得到了中法两国专家的高度评价,为祖国赢得了荣誉,更为临床治疗放射性脑损伤这一棘手的疾病奠定了坚实的理论和实验基础。

邢诒刚教授知识渊博、经验丰富,始终把培养新人作为事业和生命的延续,将自己工作中积累的经验毫无保留地传授给一代又一代的年轻医生。他倾力支持年轻的同志搞科研、写论文,但在论文署名和科研成果名次确定上总是主动谦让。他总是把外出学习深造的机会让给年轻人,让他们开阔视野,学习新知识,掌握新技术。邢诒刚教授是一位严师,更像一位慈父。他在传授给学生知识的同时,不忘教给他们做人的道理,并在日常生活和学习工作中时刻关心他们、激励他们、帮助他们。

"桃李不言,下自成蹊。"如今,邢诒刚教授培养的博士研究生、硕士研究生有的已经成为硕士生导师、学术带头人,有的远赴美国、德国等继续留学深造。用学生的话说:"邢老师从医从教几十年,走出了一条闪光的道路,他的孜孜教诲和高尚情操会不断激励我们,而我们的成绩是对深重师恩的最好报答!"

为了表彰邢诒刚教授40年来做出的巨大贡献,同时为了加强科室的文化建设,在神经科现任主任彭英教授的策划与组织下,于2010年12月30日举办了热烈而隆重的庆祝"邢诒刚教授从医从教40周年"纪念活动。如今,邢诒刚教授虽然已经退休,但是仍然心系患者,每周坚持出诊,坚持主持神经科每周一次的疑难病历讨论工作。"我渴望海岛闪烁金光,我听着海的摇篮曲长大,海浪推助我……"邢诒刚教授始终不忘自己的家乡,多次写诗抒发对家乡的思念。

(杜开旭)

# 杨冬梓：
# 生命自有方向，只管去行

　　杨冬梓，1957年出生，中共党员。1982年毕业于中山医学院，1990年获中山医科大学妇科内分泌学专业临床医学博士学位，1996年在香港大学玛丽医院生殖中心进修，2000年至2001年在美国埃默里大学妇产科和加州大学圣地亚哥分校研修。1998年始任中山大学孙逸仙纪念医院妇产科主任，2000年始任博士生导师，2008年获聘二级教授，是享誉国内外的生殖内分泌专家。发表SCI论文50余篇，主编专著5部。研究成果先后荣获教育部科技成果二等奖、华夏医学成果二等奖和广东省科技成果二等奖等，荣获首届"中山大学名医"、首届"羊城好医生"、首届"逸仙名医"和第六届"妇产科好医生"称号，被评为"广东省三八红旗手""中山大学优秀教师"等。

杨冬梓：生命自有方向，只管去行

冬梓是她的名字。她出生在冬天，却给无数病人送去温暖和新生命的希望，她的姓与名中都有"木"字，饱含生机与活力，正如父亲告诉她的，人生要像树一样向阳、向上。

杨冬梓的求学经历随着大时代的旋律起伏，经历了知青"激情燃烧的岁月"，1977年恢复高考的消息为她指明了新的方向。来之不易的求学机会让她备感珍惜，求知若渴。入学后她发现自己的英语能力相对薄弱，便开始啃英语这块"硬骨头"。经过一个学期的勤学苦练，她顺利考入全英班。在妇产科实习时，她宁愿少睡觉，也要争取更多动手实操的机会。毕业时，杨冬梓的成绩名列前茅，妇产科、病理生理学科、遗传学科等都向她伸出了橄榄枝。最终，她如愿进入中山大学孙逸仙纪念医院妇产科，并在此扬帆起航，开启了她的职业生涯。

杨冬梓记得第一天上班那天，她和同学兴奋不已，拖着行李到医院报到。时任妇产科主任的邝健全教授亲自找她谈话，要她参加下乡医疗队，去韶关连山山区支援一段时间。时值12月，韶关正飘雪，寒冷让人备受煎熬。"下乡时期的所有手术，我都有机会动手。"她说，假如没有下乡锻炼，初出茅庐的她肯定没有这样多的动手机会。担任住院医师的第一年，她便在老师的指导下独立动手做了全宫切除术，业务能力飞速提升。

很快，杨冬梓又迎来了一次学习进修的机会——脱产半年提升英语能力和水平。此外，名师的跟踪式培养也让杨冬梓受益匪浅。然而，令杨冬梓印象最深刻的，却是被批评的时候。一天结束夜班并交班后，杨冬梓便直接到产休区的婴儿室找同事，刚推门说话，便遇到了教授，她猛然想起自己没有按要求戴帽子、戴口罩，于是立刻解释自己已下夜班，随后便自行离开。本以为能"躲过"批评，不想教授却在周六的全科室医生的例会上点名批评她没有遵守进出无菌区的操作规定。从此，一向自我要求严格、追求完美的她更是打起了十二分精神。

医学研究深无止境，技术精进永不落幕。1985年，杨冬梓考取了硕士研究生，并在1987年转读博士研究生，1990年毕业成为中山医科大学自主招生录取、培养毕业的第一位妇产科博士。

艰难困苦，玉汝于成。1995年，杨冬梓成为妇产科副主任，随后升任主任，1998年晋升为教授。中山大学孙逸仙纪念医院作为我国最早成立的西医院之一，通常由行医经验丰富、德高望重的"老资格"担任科室主任之职，杨冬梓年纪轻轻便走到主任的位置上，连她本人都对自己信心不足。科室里看着她成长起来的老师们给予她鼓励和支持，时任副院长的邝健全教授告诉她，这不是一个官职，而是一份沉甸甸的担子和责任。带领妇产科发展是责任，也是历史的使命。

2000年至2001年，杨冬梓经过重重选拔，获得美国国家奖学金Hubert H. Humphrey Fellowship（休伯特·汉弗莱奖学金），赴亚特兰大的 Emory University（埃默里大学）和圣地亚哥的 UCSD（加州大学圣地亚哥分校）学习。留学经历一方面可让她有机会学习喜爱的生殖医学，助她事业发展迈上新台阶，另一方面也开阔了她的视野。

留学之后，杨冬梓回到医院继续担任妇产科主任一职。令她惊喜的是，此前未了的夙愿——建立生殖医学中心终于实现。作为妇产科中重要的新生学科，生殖医学中心的开设不仅能推动、完善妇产科乃至医院的发展，对生殖内分泌研究而言也举足轻重。

回国后，杨冬梓即被医院委以生殖医学中心主任的重任，她又走上新的职业发展台阶。她与同事们齐心协力，通过了辅助生殖技术一个又一个准入资质的国家级审核，2016年还获得了胚胎植入前遗传学诊断技术资质。生殖医学专科的医、教、研成绩也在医院名列前茅。

杨冬梓的研究重点是生殖内分泌问题。早在研究生时期，她就开始关注小儿和青春期妇科疾病，主编的《小儿和青春期妇科学》第一版、第二版均由人民卫生出版社出版，填补了国内该学科领域的空白。经过数十年的积累，杨冬梓带领团队研究的60余个项目分别获得国家科技重点项目、国家自然科学基金、广东省重点项目，发表50多篇SCI论文。研究成果不仅获得国内同行的瞩目，也被国际社会认可，她本人还多次获邀参加国际会议，做专题演讲。

杨冬梓还是南粤优秀教师、中山大学优秀教师。对于教书育人事业，她也是全情投入。给本科生授课，她注重知识结合临床，深化课程内容，追求生动风趣，以期给学生留下深刻印象。

在医、教、研一线辛勤耕耘30余载，杨冬梓教授载誉满满，先后荣获首届"中山大学名医"、首届"羊城好医生""岭南名医"和首届"逸仙名医"称号。在全国"敬佑生命2016荣耀医者公益评选"活动中荣获"年度荣耀医者"称号，被评为"广东省南粤优秀教师""广东省三八红旗手""中山大学优秀教师"等。2016年，她还获得了中国妇产科医生的最高荣誉"妇产科好医生林巧稚杯"。如今，尽管朋友们劝杨冬梓放松身心，享受生活，但她仍一如既往地出诊、带学生。

谈起做学问和事业，杨冬梓说，她认同王国维有名的读书三境界，因为它贴切地描述了她人生追求的不同阶段，先是"昨夜西风凋碧树，独上高楼，望尽天涯路"，然后是"衣带渐宽终不悔，为伊消得人憔悴"，现在是"众里寻他千百度，蓦然回首，那人却在灯火阑珊处"。像树一样向阳、向上的人生信条引领杨冬梓执着地一路走来，蓦然回首，发现这追求本身和过程已经源源不断地赋予了她人生的动力和价值。

（杜开旭）

# 符文彬：
# 一根神针成就岭南针灸"绝响"

符文彬，1963年出生，海南临高人。1982年高中毕业于临高中学，同年考入广州中医学院（现为广州中医药大学），1987年6月毕业，并留在广东省中医院（广州中医药大学第二临床医学院）针灸科工作至今，其间先后在中山医科大学、上海医科大学、华西医科大学、新加坡樟宜医院学习，在湖南中医药大学攻读研究生，获得医学博士学位。现任广东省中医院（广州中医药大学第二临床医学院）主任医师、教授、博士生导师、博士后合作导师。中央保健专家，广东省医学领军人才，国家重点针灸专科学科带头人，国家重点针灸专科协作组组长，国家针刺类技术协作组组长，广州中医药大学针灸推拿学学术带头人，广东省高水平大学针灸推拿学神志病团队负责人，广东省中医院大针灸科主任，广州中医药大学第二临床医学院针灸教研室主任，广东省针灸学会会长，全国针灸标准化技术委员会委员，中国针灸学会常务理事，世界中医药学会联合会中医手法专业委员会副会长，香港针灸学会顾问，荷兰中医针灸协会（NVCA）永久名誉教授，香港医管局2011—2012年度特聘访问专家。曾被广东省人民政府授予"广东省名中医"称号。

符文彬：一根神针成就岭南针灸"绝响"

在南国鱼米之乡临高县，不少人都听说过一个医者的名字——符文彬，特别是在他的家乡临高县东英镇那些长满绿色群木的乡村中，他的名字更是如雷贯耳，他的医术被乡亲们津津乐道，他甚至成了家乡一张令乡亲们无比自豪的名片。他求学从医、仁心高术的成功人生充满了故事性。

在互联网时代，了解一个被大众关注的人，在键盘上输入他的名字，有时会有意外的收获。在网络上，有关符文彬的词条不少，还夹杂着一些感性的文字资讯，如"一百双'广州之手'选手：符文彬"等。其实，符文彬不只名满家乡，他的事迹早已传遍大江南北，流播海内外。

1963年11月，在临高县东英镇伴康村一个普通的农民家庭，一个男婴呱呱坠地了。他的到来给这个贫困的农家带来了新的负担，也带来了一丝生机。他就是后来享誉国内外的著名针灸专家符文彬教授。

小时候，符文彬家里虽然贫困，但父母一直鼓励孩子读书，希望有朝一日孩子能通过读书改变命运。他的5年小学是在村里读的，那时适逢"农业学大寨"，天天劳动，课堂学习的时间较少，暑假还要积

## 符文彬：一根神针成就岭南针灸"绝响"

肥料、种甘蔗。1977年9月，他离家到十几千米外的奇地附中念初中。那时，因"文革"刚结束，国家百废待兴，奇地附中是刚成立的学校，同学们一边割茅草建校舍，一边在漏雨的茅草房里上课。虽然很累很辛苦，但非常充实。在陈继发校长的领导下，老师们孜孜不倦、尽职尽责、寓教于乐、深入浅出地给学生授课，这对符文彬的影响较大。他寒暑假均留校自修，也兼管学校事务，为老师分担一些力所能及的工作。初中两年是他学习进步最快的两年。在陈校长的鼓励和其他老师的帮助下，他于1979年9月考上了临高中学，分在高一（3）班。由于家在农村，他很少接触文学书籍、杂志、报纸等，受文学熏陶较少，这多少影响了他语文学科的学习。高中时期，他语文经常不及格，而英语更是第一次接触，他便从ABC开始学习。学校成立了高考尖子班，他进了号称"尖子班"的高二（1）班，数学、物理、化学、语文、政治、英语均由学校优秀的老师，如吕子强、郑庭进、麦永才等授课。为了让学生成才，他们呕心沥血。直到现在，这些老师仍然是符文彬心中的榜样。1981年，符文彬参加高考，结果名落孙山，但他不气馁，选择复读。为了那个灿烂的大学梦，他勤奋学习，周末或假期，经常白天在树下、夜晚在煤油灯下自习。功夫不负有心人，1982年符文彬终于考上了国家重点线。父母一直希望他上师范院校或医学院校，毕业后可以端"铁饭碗"，可他却对生物最感兴趣，第一志愿便报厦门大学生物系，可惜没被录取，第二志愿报了广州中医学院中医专业，被录取并调到针灸专业。广州中医学院是1956年由周恩来总理亲自指示成立的全国最早的四所中医高等院校之一，是教育部重点院校，针灸学在中医院校属冷门学科，当时只招广东和广西两省学生，每年40人，后来才逐步向全国招生，成立针灸系、针灸推拿学院，后改名为针灸康复临床医学院。刚上大学时，对于针灸，符文彬是第一次听说，更不用说中医的阴阳、五行、经脉、病因了。后来才知国外许多国家只承认针灸，不承认中药，在许多国家针灸行医是合法的，针灸也进入许多国家的医疗保险体系。说起针灸在国内外的地位，符文彬很推崇毛主席的论断，毛主席曾于1955年4月13日说"针灸是中医里面的精华之精华，要好好地推广、研究"，还说"针灸不是土东西，针灸是科学的，将来世界各国都要用它"。

医学是用来治病救人的，来不得半点马虎。符文彬在学习传统中医知识的同时，也钻研现代医学基础，以充实自己的医学知识，为日后临床打下基础。他十分珍惜大学的每一天，除适当的体育锻炼外，每天晚上"啃书"到12点，经常自修到最后离开课室。就算如此，大学几年时间，符文彬也只能在医学的大海中游游泳，一时还不能扬帆远航。大学三年级，符文彬遇到了他人生的一个转折点，那就是见习时他有幸跟随岭南针灸的奠基人、针灸大师司徒铃教授。司徒铃教授是针灸界的临床泰斗，有"针到病除"之卓名，在东南亚一带享有较高声誉，治病救人无数。能跟随名师学习和实践，符文彬十分惊喜。

符文彬：一根神针成就岭南针灸"绝响"

他在临床实验中目睹了司徒铃教授治病手法的娴熟，于是暗下决心以司徒铃教授为标杆。他刻苦好学，深得司徒教授喜爱，司徒铃教授在世时，每逢周六、周日便叫符文彬到他家里授课，将其真传尽授，去世前3天还特意叮嘱夫人将其一生手抄的几万份原始临床诊疗记录、原始书稿、秘本、自用的针灸器具等宝贵学术遗产转交给符文彬保存、整理。可以说，司徒铃教授不仅是符文彬的恩师，也是他针灸事业的领路人。

大学五年级，符文彬被安排到广东省中医院实习，他把跟师学习的经验应用于临床，实习期间得到了许多患者的好评。其中有一位是从加拿大留学归来的鲍教授，他是中国最早的高尔夫球场——中山温泉高尔夫乡村俱乐部的总设计师，他因系统性红斑狼疮、冠心病心绞痛反复发作住院；还有一位是广东省中医院的眼科主任胡教授，因支气管扩张急性发作住院。他们住在同一间病房，符文彬是他们的主管医生。由于为他们治疗的效果较好，毕业时鲍教授便推荐符文彬到中山工作，而胡教授则向广东省中医院领导极力推荐符文彬。最终，符文彬留在广东省中医院针灸科工作。后来，胡教授移居香港开展中医工作，还经常回广州跟符文彬学习针灸。

符文彬毕业后虽跟师学习过，但毕竟年轻，经验少，知识贫乏。为了实现成为名医的梦想，他参加工作后，决心"十年面壁图破壁"，白天上班，晚上钻研古代医学经典，每周一两次到15千米外的广州外国语学院学习英语，周末泡在图书馆，有大半年每天平均只睡3个小时。他持之以恒，坚持学习，知识和医术不断长进。当时他虽然年轻，门诊病人却很多，许多外国留学生也慕名而来跟他学习，他培养的英国、美国、德国、荷兰、西班牙、意大利、瑞士、瑞典、秘鲁、哥伦比亚、智利、巴西、日本、泰国、马来西亚、印度、印度尼西亚等30多个国家的留学生、进修生超过100人。1995年，应以色列医学院的邀请，他到该国讲课并进行医疗指导，这是他第一次被邀请出访。以色列是一个发达国家，科技发达，医学和教育水平很高，非常重视传统医学如针灸学等。这是符文彬走出国门的第一步。1996年，他被医院评为首批"拔尖人才"。1997年，被泰国国际航空有限公司邀请到泰国为退役的三军总司令和泰国王室做保健，得到好评。他不断积累经验，逐渐形成了自己的医疗风格。1999年，他通过了评审，晋升为副高职称。

2000年，受命担任广东省中医院针灸科主任。当时针灸科只有10名医生，在全院100多个科室中排在最后的几个科室之中，因此，如何发展学科成了这个年轻科室主任必须思考的问题。通过调研，查找根源，明确方向，他制定"以发挥针灸特色与优势、提高临床疗效为工作核心，提升科学研究的广度和深度并指导临床，不断提高综合服务能力，培养高素质人才，逐步扩大学科影响力，建设成为国内一流、国际知名的针灸临床、科研、教学和人才培养基地"的学科发展目标，通过人才培养，发挥中医特色，塑造针灸品牌，以科学研究促进学科建设。两年后，科室和学科上了一个新台阶。2006年，针灸学科已排在医院的前列。"十年磨一剑"，经过10年建设，这个追求卓越的学术团队终于把该学科打造成临床、科研、教学三位一体，在国内外具有影响力的针灸品牌，于2010年组建了由门诊、病房、分院、教研室、研究室、实验室、流派工作室等10多个科室构成的大针灸科，学科下设有10个亚专科。学科成为"十一五""十二五"国家重点专科，被推选为国家重点针灸专科协作组组长单位和颈椎病、腰骶肌筋膜综合征协作组组长单位。2011年，被推选为全国针刺类技术协作组组长单位，成为中国针灸学会针灸标准化示范基地和国家中医药管理局"中医适宜技术推广基地"。科室现有医生96人，其中，正高级职称医师16人，副高级职称医师15人，中级职称医师46人；博士后8人，博士研究生28人，硕士研究生48人；博士生导师7人，硕士生导师16人。学科具备较强的综合医疗服务能力，能处理疑难重症，对慢性病有系列优化诊疗方案，诊治的疾病涵盖内科、外科、妇科、儿科、骨科、急症科、五官科、皮肤科等各科100多种，同时将针灸推广至全院各个临床科室，针灸科被医院评为"最有中医特色的科室"，年均门诊量超过50万人次，病人遍及国内外。中央电视台、搜狐网、广东卫视、广东电台南方生活广播频道、《南方日报》和《羊城晚报》等多家媒体均对该科室的特色疗法做过专访报道。2000年以来，该学科在科学研究方面取得重大突破，累计科研经费超过 4000 万元，承担国家重点基础研究发展计划 1 项，"十一五""十二五"国家科技支撑计划项目 10 项，国家自然科学基金项目 16 项，国际合作项目 2 项，省部级课题 41 项，厅局级课题 36 项；获各级奖项 21 项，承担国家科技成果和适宜技术推广项目 3 项；制定国家标准、国家中医诊疗方案和临床路径各 1 项；在国内外医学刊物发表论文 500 多篇，其中 SCI 论文 31 篇，EI 收录论文 25 篇；出版专著 55 本；主编或参编国家级教材 12 本；获国家发明专利 3 项。

随着在国内外影响力的不断扩大，符文彬多次应邀在国内和国际会议做专题演讲。2007 年被推选为广东省针灸学会会长，是全国最年轻的省会会长。他还是广东省和中央保健专家，多次为党和国家领导人、国外元首做保健，均得到好评。

符文彬已培养博士研究生、硕士研究生 159 人，结业师带徒 9 人。同时，他还是广东省省级非物质文化遗产"岭南传统天灸疗法"代表性传承人。

符文彬一直坚信"知识就是财富"的价值理念，坚信一分耕耘一分收获。在他个人"最全"的介绍中，我们可以感受到他的这份磐石般的坚持。

高尔基说："一个人追求的目标越高，他的才能就发挥得越快，对社会就越有益。"作为一名医生和教授，符文彬深深铭记着自己心中的目标——为更多人解除痛苦,为国家效力,为中医事业奉献,培养出更多高水平的人才。这是他一生的心愿和追求,也是他一生要书写的华美篇章。

(佚名)

# 吴 文：
# 悬壶济世救众生

  吴文，1964年出生，海南万宁人。中山医科大学硕士，广东省人民医院主任医师、教授、博士生导师、科主任。先后担任中华医学会骨质疏松和骨矿盐疾病学分会委员、常务委员、秘书长，中华医学会老年学分会骨代谢疾病组副组长，中国老年学和老年医学学会骨质疏松分会骨内科专委会广东省学组主任委员，广东省医学会骨质疏松学分会常务委员、副主任委员，中国骨质疏松症流行病学调查临床专家组成员暨广东省组长，广东省医师协会内分泌科医师分会副主任委员，广东中西医结合学会骨质疏松症专业委员会副主任委员。他还是广东省内分泌保健专家、国家继续医学教育项目评审专家、《中国骨质疏松杂志》常务编委、《中国老年学杂志》常务编委、《中华骨质疏松和骨矿盐疾病杂志》编委、中国南方骨质疏松论坛创始人之一。发表、出版相关论著50多篇（部）。

吴文：悬壶济世救众生

吴文，广东省人民医院主任医师、教授、博士生导师、科主任。多年来，他秉承悬壶济世、救死扶伤、全心全意为患者服务的宗旨，加强团队合作，在擅长的领域内创新突破。

广东省人民医院是广东省最大的综合性医院，在复旦大学医院管理研究所组织评审的"2017年度中国医院综合排行榜"中居第29位，在全国省直人民医院中排名第1位。属下有国家临床重点专科12个，其中，老年医学专科是全国重点专科，骨质疏松是老年医学专科的重点发展方向，因此全省第一个骨质疏松防治中心成立于该院。吴文负责该中心的临床、科研、教学和保健工作，擅长内分泌疑难危重症的诊治，尤其是代谢性骨病和糖尿病并发症。他主要从事两个方面的研究：一是骨质疏松高危人群的筛查及优化防治措施，二是糖尿病血管病变发病机制。

吴文先后担任中华医学会骨质疏松和骨矿盐疾病学分会委员、常务委员、秘书长，中华医学会老年学分会骨代谢疾病组副组长，中国老年学和老年医学学会骨质疏松分会骨内科专委会广东省学组主任委员，广东省医学会骨质疏松学分会常务委员、副主任委员，中国骨质疏松症流行病学调查临床专家组成员暨广东省组长，广东省医师协会内分泌科医师分会副主任委员，广东中西医结合学会骨质疏松症专业委员会副主任委员，并负责筹建了广东省医师协会骨质疏松和骨矿盐疾病工作委员会。他还是全国继续教育项目评审专家、广东省干部保健专家、中国南方骨质疏松论坛创始人之一、中国骨质疏松防治指南撰写专家。

吴文还负责"十一五"国家科技支撑计划、国家自然科学基金、广东省自然科学基金、广东省科技厅、广东省卫生厅、广州市科信局等科研项目10余项；负责全国多中心药物临床试验多项；培养硕士研究生、博士研究生近20名，发表SCI及核心期刊论文50余篇。2010年，他参与的"胰岛素样生长因子及其结合蛋白在糖尿病和骨质疏松的临床系列研究"受广东省人民政府表彰，并被评为广东省科学技术奖三等奖。2018年，作为广东省唯一的单位负责人协助中国疾控中心慢病中心进行了中国居民骨质疏松症流行病学调查研究。2018年，广东省人民医院骨质疏松防治中心成为广东省唯一获中华医学会骨质疏松和骨矿盐疾病学分会颁发的"全国骨质疏松症（专病联盟）慢病分级诊疗中心"的单位。

吴文希望家乡加大教育、医疗、保障、环保等领域的投资力度，造福子孙后代。

（杜开旭）

## 黄宏生：
# 生命不息，冲锋不止

　　黄宏生，1956年出生，海南临高人。1978年考入华南工学院（今华南理工大学）无线电工程系，1989年在香港注册成立遥控器厂，取名"创维"，2000年创维成功在香港主板上市，2001年创维彩电销售额进入中国彩电业前三名。2011年收购了南京金龙客车制造有限公司，专注于纯电动汽车制造，2017年南京金龙销售新能源商用车跨入"万辆俱乐部"。

黄宏生：生命不息，冲锋不止

他是"彩电大王",一手创造的创维帝国风光无限。

他是"华工三剑客"之一,把中国家电业的发展带入高光时刻。

他一生都在"追梦",步入花甲之年,毅然选择再次创业,涉足新能源汽车行业。

从"家电大佬"到"创业新兵",黄宏生的人生经历充满戏剧性,书写了生命不息、冲锋不止的传奇。

### 艰苦磨炼,追梦下海

2019年5月1日,在深圳创维集团办公室采访黄宏生,这位63岁的企业家思维严谨、逻辑清晰、激情四射、神采飞扬,给我们留下了深刻的印象。

黄宏生出身贫寒,1972年,刚刚高中毕业便随着上山下乡的大潮来到海南的黎母山区当了知青。黎母山区是黎族和苗族聚居的地方,这里丛林密布,气候潮湿。有一年台风刮了3个月,不间断地下雨,山洪暴发,黄宏生和其他知青被困在居住地,没有水喝,也出不去,只能把雨水沉淀了饮用。在恶劣的生活环境下,日复一日的劳作始终没有让黄宏生失去斗志,为了保持学习精神,他坚持写日记,也尽可能地找书来读,《钢铁是怎样炼成的》《青春之歌》成了他最好的精神食粮。

1978年,黄宏生幸运地考上广州的华南工学院,学习无线电工程。4年之后,他交出的毕业论文是黑白电视机设计。毕业后,他进入电子工业部直属的华南电子进出口公司,从普通的助理工程师一路晋升至常务副总经理,当时他才28岁,可谓春风得意。然而,大学毕业时的理想却让黄宏生难以平静,他决定放弃已有的一切,去香港打天下。1987年春,在同事的惊讶与叹息声中,黄宏生辞掉了令人羡慕的职位,只身"下海"。1989年,一个名为"创维"的小公司在香港诞生。

### 屡败屡战,坚持不懈

"故天将降大任于是人也,必先苦其心志,劳其筋骨,饿其体肤,空乏其身,行拂乱其所为,所以动心忍性,曾益其所不能。"

黄宏生绝对没有想到日后的创业经历会如此坎坷。

他最先以代理电子产品出口打开创业之门,但由于不熟悉香港的环境,贸易环节又太多,进了货卖不出去,造成亏损。眼看着自己的努力付诸东流,黄宏生大病一场,入院躺了一个月。

第一次打击刚过,第二次打击便接踵而至。黄宏生为了解决电视换台的便利，办了遥控器厂。当时野心很大，一下子做了两万台，没想到最后因为成本太高，不得不半途而废。黄宏生又一次尝到了失败的滋味。

黄宏生受到的第三次打击是开发彩电产品。黄宏生学的是无线电工程，且看到当时东欧彩电供不应求，前景一片大好，经过慎重考虑，黄宏生从银行贷款500万港元，聘请了国内知名厂家的40多名工程人员开发彩电产品。经过一年多的开发，产品总算出来了，但由于技术落后，与世界先进水平相比甚远，且不符合国际规格，参加国际展览无人问津，结果又亏损了。那次失败让黄宏生债台高筑，陷入绝境。

"胜利往往在坚持一下的努力中。"黄宏生很欣赏这句话，同时也是这样做的。在面临困境时，他不放弃。在坚持中，他终于抓住了机会。1991年，香港爆发了一场收购大战，香港迅科集团决定将公司拍卖，从而引来各路富商大竞标，而迅科集团一批彩电专家则受到排斥。表面上看，黄宏生根本不具备实力参与收购战，然而，他却成了那场大战中真正的赢家。他把目光瞄准迅科彩电开发部的技术骨干，出让公司15%的股份将他们纳入旗下，使企业获得了强有力的技术支持。9个月后，创维开发出国际领先的第三代彩电，在德国的电子展上获得了第一笔两万台的大订单。从此，创维靠技术征服了欧洲市场，从绝境中走了出来。2000年，创维集团上市。此时的创维集团成为以香港创维数码控股有限公司为龙头，跨越粤港两地，生产消费类电子、网络及通信产品的大型高科技上市公司。

回首英雄辈出的20世纪90年代，以"华工三剑客"——黄宏生、李东生、陈伟荣为代表的企业家们把中国家电业的发展带上了制高点，创维、TCL、康佳是当时中国让人瞩目的商业明星，他们三人也是被人津津乐道的同学。而三位同学后来的发展，以黄宏生最为波折。

2000年，国内彩电企业深陷价格战泥淖，恰恰在这个时候，创维的核心销售高管陆强华离职，还将创维的多数核心骨干团队带走。当时创维股价暴跌，被逼向了绝路。

事实证明，挫折中的创维成长得越来越快。陆强华后来曾这样评价昔日的老板："毫无疑问，黄宏生能把产业做到今天的程度，他是一个成功的人，一个饱受磨难的人，也是一个很有毅力的人。他遇到过很多挫折，但总能化险为夷。"

2004年，创维电视机生产量超过700万台，而在"福布斯"2004中国富豪榜中，黄宏生排第31位，成为名副其实的"彩电大王"。同时，创维电器将总部搬到了深圳，公司拥有员工11000名。

当被问及如何走过人生低谷时，黄宏生坦言，一本有关"二战"的书籍——《活出生命的意义》让他找到了坚持下去的力量。书中，一位父亲为了见证儿子的婚礼，一位物理学家为了发表自己的学术成果，经受住了德国纳粹的疯狂摧残，活着走出了集中营，彰显了他们生命的意义。对黄宏生而言，把创维办成享誉中国乃至世界的伟大企业，实现他们这代人的梦想，是支撑他乐观向上的力量。

**二次创业，跨界转型**

2012年8月，沉寂了近6年的创维前董事长黄宏生再度出现在大众面前时，已不再是家电企业的掌门人，他成了南京金龙客车制造有限公司的董事长。

鸡蛋不能放在一个篮子里。彩电行业终有衰落的时候，必须居安思危，实施多元化战略。坚定不移的信念使黄宏生另辟战场，华丽转身。

风雨飘摇之际，优秀的职业经理人张学斌带领创维渡过了难关，并在8年的时间内，将创维的业绩做到了历史顶峰。但其将主业彩电做大做强的理念，与黄宏生欲将创维向多元化方向发展、扩大规模的思路不统一，两人只好分道扬镳。2012年12月28日，张学斌辞任董事会执行主席及执行董事，由林卫平接任。

在重新拿回创维集团的主导权后，黄宏生只用了不到一年的时间，就完成了他回归资本市场的首战。将创维"三分上市"是黄宏生在2004年就规划好的创维成长路径，其最终目标是将百亿级的创维送进"千亿俱乐部"。创维的千亿之路再度启程，而这一计划已中断了8年。与此同时，黄宏生也在"首嘲回归秀"中完美演绎了"资本腾挪术"。此招使黄宏生夫妇财富暴增14亿元，以50亿元的身家进入国内富豪200强。

人生低谷并未摧毁黄宏生的斗志,他在年近六旬时开启二次创业,其毅力与精神令人钦佩。

黄宏生认定,大范围使用清洁能源的新能源车一定是未来社会发展的方向。因此,2010年4月,黄宏生和妻子林卫平抛售创维1亿股股份,套现9亿港元,随后成立创源天地投资公司。2011年,创源天地子公司南京创源天地汽车有限公司与厦门金龙和南京东宇汽车集团签署了《关于南京金龙三方重组协议书》,共同出资重组南京金龙,注册资本为5亿元,黄宏生出任南京金龙董事长。2011年,创办开沃新能源汽车集团,并收购重组了南京金龙客车制造有限公司。

经过8年多的不懈努力,开沃汽车在新能源客车市场成绩喜人。2014年,在纯电动客车细分市场中以1890辆跃居全国第二,仅逊于比亚迪;2015年,这一数字飙升至8796辆,蝉联全国第二,仅逊于宇通。在2015年中国新能源汽车企业领袖峰会上,黄宏生荣获"中国新能源汽车年度领袖人物"称号。据工信部统计,2016年至2017年,开沃汽车纯电动客车产销居全行业第四位,并在2017年纯电动汽车产品首次突破万辆,已稳居行业第一阵营。2018年逆势上扬,销售额同比增长30%,客车板块同比增长33.4%。除了客车以外,开沃集团自主品牌创源电池也很抢眼,全年出货量0.75亿瓦时,同比增长116%。

黄宏生真正地将开沃集团打造成一家集新能源整车和核心零部件

的研发、制造、销售、服务于一体的高新技术企业，也是行业内为数不多的产品品类齐全、掌握"三电"核心技术、商用车与乘用车"商乘并举"的新能源车企。目前，开沃汽车已经在全国超过150个城市批量运营，在泰国、智利、乌克兰、韩国，以及中国香港、中国澳门等市场也都有开沃汽车的身影。2018年，开沃汽车入选江苏省"独角兽"企业，其自主研发的"新一代VCU和BMS二合一控制器"荣获国家级技术"金桥奖优秀项目奖"，这也是开沃汽车首次获得国家级技术奖项。此外，开沃汽车关于"车辆轻量化材料"项目被列为2018年江苏省重大技术攻关项目，这也是开沃汽车在新能源汽车技术领域不断探索突破的又一佐证。

在新能源汽车高歌猛进之时，另一边的电视产业却开始面临着天花板。2017年，创维遭遇了多年难见的亏损情况。一边是冉冉上升的新势力电动汽车，另一边则是急需调整转型的老牌家电公司，新老融合之下，黄宏生重新为自己定了新目标：家电追赶三星，汽车则追赶特斯拉。

黄宏生认为，家电特别是电视正面临新的革命性的发展，比如OLED（有机发光二极管）、智能化等。现在创维电视瞄准下一代的迭代升级，即智慧家庭，尤其是在人工智能的重大技术升级方面发力。

黄宏生说："通过OLED显示屏来展现我们的综合技术。我们目前是中国OLED电视的第一名，每卖两台OLED电视，就有一台是创维的。我们运用了三大核心技术——图像处理芯片、声道、人工智能，通过创新推动，重新让整个企业在新的里程中充满活力。"

## 不言放弃，血战到底

黄宏生一生波折，在这个过程中，他有没有想过放弃，或者把公司出售呢？

黄宏生面对我们的提问十分坦然。他说，有时候会觉得"退一步海阔天空"，不能老是前进前进。"确实有厉害的公司找我谈过收购，也想过卖了企业拿钱去做投资。但是我又想，如果收购方资金分散，不能继续让创维乘风破浪地成长，企业垮了，和我创业的几万人会一起骂我，那太痛苦了！而且在收购的过程中是分期给钱的，这里面就有很多不确定性，失败的案例太多了。如果因为收购，那些没有股份的骨干先走人，大家也不干活了，等着收购，亏损就来了。收购一失败，一下子就垮了，所以很危险。退一定要双赢地退，不宜轻易放弃。在战争中，撤退是最危险的，你想退没有那么容易，所以不能轻易退，要血战到底。"

黄宏生说："其实每个人的生活方式不一样，每个人的追求也不太一样。我大学是学理工的，毕业之后分配到电子公安部，在这样的单位逐步形成了产业报国的价值观。其次，我觉得有钱快乐，事业的召唤更让人快乐。当年我创业的时候做电子遥控器，解决了家家户户电视换台的痛点，改变了中国电视没有遥控的局面，感觉自己做了一件虽然小，但是了不起的事情，这是一种快乐——把不可能的事情变成可能。我们开始做电视机时，进口的品牌非常贵。以29寸的为例，在20世纪80年代末，买一台要一万块钱。那时候公务员的工资每月在30块钱左右，也就是说要攒30年的工资，不吃不喝才能买一台电视机。后来因为我们的进入，技术上的突破降低了成本，国产品牌才卖4999元，老百姓都能买得起好电视。这种幸福感无与伦比。"

### 苦修智慧，重视人才

对于两次创业过程，黄宏生先生总结为"难修能力，苦修智慧"8个字。那些经历过苦难的人，特别是修炼出应对危机能力的人，才会在不确定的人生旅途上后来居上，赢得未来。

回首自己的创业之路，黄宏生表示自己对新兴产业有敏锐的嗅觉是来自艰苦的磨炼。虽然创业"九死一生"，但他仍然保持着"敬天爱人"的初衷。"敬天"就是要遵从天道，创业不是盲目的，要每一天把每一件事情做实、做好，不回避矛盾，不视而不见；"爱人"就是要珍惜周围的人才，重视团队、合伙人等。

能从300多家彩电企业中脱颖而出，创维依靠的仍然是紧跟市场需求的创新能力。黄宏生说，英雄的时代已经过去了，现在的企业已经进入一个必须依靠国际化团队的时代。

黄宏生不惜斥资8700万元，以股权赠与的形式吸引了国际上光学领域的一流专家、在日本松下集团工作了30多年的池内宏造，为他量身打造了创维光电科技公司，开发创维健康背投彩电、数码相机等产品。用黄宏生的话说，给人才一个创业平台，才能燃起他的创业激情。位于深圳科技园的创维研发中心正式启用，其中广泛吸纳了国内外的科研专家，使创维得以在显示技术方面继续保持领先地位。

为保持创新活力，创维除了每年高薪聘请全球顶尖技术人才外，还从全国各大高校招募近500名优秀毕业生，以保持新鲜血液的持续输入。

无论是在创维还是在南京金龙，黄宏生向来惜才。靠个人影响力，黄宏生先后从传统车企挖来不少高手。南京金龙的3位副总裁——樊文堂、董钊志和金晓辉分别是北汽福田集团原副总裁、九龙汽车原院长、上汽集团客车平台原商务副总经理，开沃汽车副总裁、首席技术官张蒙阳则是美国克莱斯勒原设计总监。

在黄宏生看来，爱人如己，创业不是一个人的历程，而是带领团队开拓事业新版图的历程。

爱才之外，他自己也爱吸收知识。为了学习，他还曾把铺盖从深圳的别墅搬到工厂，与工人同吃同睡。每天早上6点半就开始一天的忙碌工作，上午去研发中心向专家请教，下午到市场聆听客户的投诉与批评。这样艰苦奋斗的日子持续了多年。

黄宏生因其卓越的领导才能和突出的社会贡献，历任深圳市政协委员、深圳市政协常委、广东省政协委员、第十届全国政协委员等职务，也获得了广东省政府经济顾问、深圳市荣誉市民、香港青年工业家、香港紫荆花杰出企业家、中国十大民营企业家、中国新民企领袖、"中国新能源汽车2017年度领袖人物"和"2018中国经济十大领军人物"等多项荣誉。

（谭军波）

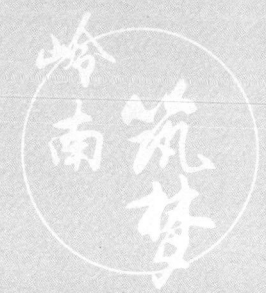

# 周敬良：
# 一瓶水的毕生事业

周敬良，1950年出生，海南东方人。毕业于中山大学化学系，是国家《瓶装饮用纯净水》和《瓶装饮用纯净水卫生标准》制定人之一，深圳市景田食品饮料有限公司董事长、总经理。

1983年，出任中国龙环饮料（蛇口）有限公司[华润怡宝（深圳）饮料公司前身]董事兼总经理。1992年，创建深圳市景田食品饮料有限公司，生产纯净水。2004年，进入矿泉水领域，推出百岁山天然矿泉水。

周敬良还担任中国饮料工业协会副理事长、广东省瓶装饮用水行业协会副会长，曾被中国饮料工业协会天然矿泉水分会评为"中国饮用天然矿泉水工业突出奉献者"，2018年获得"中国食品工业改革开放四十周年功勋企业家"称号。

周敬良：一瓶水的毕生事业

在中国水行业，百岁山无疑是其中最亮眼的存在，奇迹般的品牌塑造也为外人称道不已，而这一瓶水的创造者周敬良却很是低调，鲜少露面。第一个将包装水推向市场，第一个用塑料瓶盖替换铝盖，第一个在瓶形上做出改革，第一个将中国水品牌推向国际舞台，他创造了太多的行业"第一"。

1950年8月，周敬良出生在海南省东方市一个不足20户人家的小村庄。两岁时父亲去世，母亲一个人将姐姐和他拉扯长大。成绩优异、性格活泼的他高中毕业后被老师推荐到了县里，成了最年轻的秘书。又过了一年，经由考核进入中山大学化学系。大学时，周敬良还是很穷，没有钱回家，也没有钱买衣物，经常两三条裤子换着穿，越穿越薄。就是在这样的环境中，周敬良完成了他在中大的求学生涯。

到了1979年，那时深圳特区还没有建立，蛇口工业区第一批管理培训班准备招一些搞技术的干部，在广州有色金属研究院的周敬良一听到消息就报考了，于是读了一年多的企业管理。在他毕业后，蛇口开始创办饮料企业，一些搞技术的管理人才加入其中。就这样，在1983年，33岁的周敬良正式出任中国龙环饮料（蛇口）有限公司董事兼总经理。公司最初主要生产碳酸饮料,在周敬良的带领下,经过5年的努力,怡宝在国内率先推出第一瓶纯净水,周敬良也成为《瓶装饮用纯净水》(GB 173223—1998)和《瓶装饮用纯净水卫生标准》(GB 17324—1998)制定人之一。说起"怡宝"这个品牌名,还是当时周敬良取的,同时采用了法语 C'estbon,意为"至高无上的"。这些名称和标识一直沿用至今。

在担任怡宝九年半董事兼总经理后,受改革开放鼓励"大胆去尝试"的思想影响,周敬良觉得怡宝的发展已经步入成熟,该出来做自己的项目了。于是,1992年周敬良离开怡宝开始创业,成立深圳市景田食品饮料有限公司。当时周敬良手上只有6万元,他又凑了6万元,拿着12万元开始创业。资金紧张到什么程度呢?国产设备的故障率比较高,中大化学系毕业的周敬良懂得一些维修知识,于是晚上经常睡在车间,半夜起来检修设备,就为了省下请工人维修的钱。白天,周敬良就去了解市场动态,一个店一个店亲自推销水。这样白天夜晚不停歇的日子,持续了3年之久。那时每到月终或者年底的时候,没有钱发给工人,而民营企业去银行贷款又比登天还难,讲信誉的周敬良无奈之下就把房子全部抵押给银行,拿水去促销,公司这才慢慢走出困境,走到了现在。

每每回想过去,面对年轻创业者的请教,周敬良总是对他们说:"你创业,我鼓励你,但是你要做好思想准备,有这个狠劲顶得住,不要被任何事情打倒,你要有这个思想准备再去创业。我是上了这条'贼船',只能一如既往地往前冲。"

景田公司成立之初推出的是纯净水产品,由于当时瓶装水市场日渐发展,消费者习惯有所改变,产品销量也逐渐上升。但周敬良并没有满足于当下的成绩,而是前瞻性地瞄准了天然矿泉水这一高端产品。为了率先抢占市场,景田公司在全国各地寻找优质水源。

"对于一个生产水的企业来说,什么是最重要的?绝大多数水厂会告诉你是水源!道理很简单,水源不好,又怎能生产出好水?敢在水源上说'硬话'的企业并不多。"在周敬良的理念中,产品、人才和资本是决定企业成功的三要素。

经过多处考察后,景田公司的首个生产基地选择了国家5A级风景区、道教圣地、世界长寿之乡罗浮山山脉。罗浮山优良的自然生态环境、特有的地质结构,孕育了地下百余米深处花岗岩石断裂带中的天然矿泉水,偏硅酸型、低矿化度,富含多种有益于人体的矿物质与微量元素。自此,"水中贵族"百岁山应运而生。

在开发水源时,对水源地的保护工作是同步进行的。百岁山罗浮山生产基地厂区占地总计250多亩(约16.7万多平方米),水源保护区2平方千米左右。数个银龟形厂房栖息于风景秀丽的罗浮山峰脚下,与自然环境和谐地融为一体。

对于产品的价值,周敬良有一套自己的公式:商品的总价值 = 功

能价值 $\times\beta$ 感觉价值（$\beta$ 为修正系数）。在水行业，产品品质就是功能价值的重要组成部分。作为国家的矿产资源，天然矿泉水需要对成因、水质稳定性、水源储量等进行长久的勘察评估工作并获得政府许可的采矿权才能开发。正是由于这份得天独厚的稀缺性、优越性，天然矿泉水成为世界公认的高端水种。

目前，百岁山罗浮山生产基地已成为全球最大的矿泉水生产基地，配备16条全球最先进的德国克朗斯一体化生产线，年产能在200万吨左右。与此同时，百岁山还拥有广东鳌峰山脉、浙江四明山脉、江西宜丰清水河水源地、四川蒲江水源地等多个优质的矿泉水水源地。在全国范围内，共计有40余条德国克朗斯一体化生产线，年产能约400万吨。在矿泉水单一品类上，百岁山已成为世界体量第一的品牌。就此，百岁山奠定了远高于同行的功能价值。

正如周敬良所言："我从来没有把百岁山仅仅当成饮用水，而是赋予其更多的文化内涵。"在广东水企有几百家，全国水企更是数以万计的情况下，要想突出重围，必须走出一条个性化的发展道路。自2004年推出百岁山天然矿泉水后，"水中贵族"的准确定位让其在众多品牌中脱颖而出。通过这15年，尤其是近7年的探索尝试，周敬良总结了一个符合公司发展的模式，那就是全方位立体塑造"贵族水文化"，这就是百岁山的感觉价值所在！

在功能价值奠定基石、感觉价值不断提升的情况下，商品的总价值增长速度就会是惊人的。市场布局完善的百岁山产品进入全国各地市场，逐渐成为多个区域市场的强势品牌、瓶装水行业的一匹黑马。自2009年起，百岁山已连续10年保持国内矿泉水销量第一，成为天然矿泉水优质品类的代表品牌。2019年1月，尼尔森最新数据揭示了瓶装水行业的格局变动：百岁山市场份额跃升至10.1%，连续5个月超越康师傅，跻身行业前三，自此开启了百岁山、农夫山泉、怡宝"三国争霸"的时代。

在各大水企铆足劲抢占国内市场之时，一直在创造自己独特竞争力的百岁山早已将目光瞄准了海外，出口版图遍布美国、澳大利亚、意大利、加拿大、南非、俄罗斯、新加坡等20多个国家和地区。在赢得海外良好声誉的同时，百岁山成为连续10多年蝉联中国瓶装饮用水出口量第一的水品牌。

当下，百岁山出口成绩斐然，周敬良意识到，"目前中国企业对外投资领域多为资源型、基础建设型、网络高科技型等，食品饮料行业对外投资的品牌是很少的"。抱着国际征程再进一步的想法，百岁山接连赞助尤文图斯足球俱乐部、澳大利亚网球公开赛、国际篮联篮球世界杯、排联世界杯等国际顶级体育赛事，让世界认识了这个有着独特平肩造型、来自中国的饮用水品牌。目前，百岁山在意大利阿尔卑斯山脉旁的海外水厂已于2018年全面投产，成为我国饮用水行业真正意义上首个在海外设立工厂的企业。

在意大利市场，百岁山仍是走高端路线，对标国际知名水品牌。通过逐步的市场培育，目前在意大利已实现盈利。据悉，百岁山的第二个海外水厂即将在世界知名水源地之一斐济建立。

景田公司迅速发展到现在，旗下已有近万名员工。周敬良严格执行公司规章制度，但私下也注重对员工实行感情管理。所以，在各个岗位上，不乏工作了10多年，甚至20余年的老员工。广东话把工作叫作"揾食"（谋生），当老板对员工抱有一份感情，员工也对公司抱有一份感情时，才会全身心地把工作做好。

对员工的这份情感关怀也与周敬良年少时的经历有关。在母亲的一手拉扯下，六七岁的周敬良开始显露出小孩子调皮的天性，和小伙伴们在田里面偷番薯、甘蔗，和同学打架甚至弄伤腿脚。有一件往事至今仍让他记忆深刻。一次，周敬良从母亲那里偷拿了5毛钱，买东西和小伙伴们吃，钱花了差不多三分之一后，他不敢回家，躲在了隔壁的阁楼上，不知不觉地睡着了。一整天找不到周敬良的妈妈彻底慌了，惊动了全村的人，他们一路呼喊着周敬良的名字到海边，敲锣打鼓地寻找，但都没有找到，幸好最后有个人无意间在阁楼发现了周敬良。妈妈看到周敬良时，出乎意料地没有骂他，也没有打他，而是紧紧地把他抱了又抱。那时小小的他明白了，自己的存在对妈妈而言，比任何东西都重要。他在心里暗暗下定决心，以后要好好听妈妈的话，不能再让她伤心了。一个普通的母亲，没有那么多的学识和教育理念，只会出于本能把全部的爱奉献给孩子。

这份爱的教育让周敬良开始懂事了，在未来的人生中他也用爱去对待每一个人。2008年汶川地震后，周敬良第一时间响应国家号召，为灾区捐款捐水，对灾区急需的饮用水，加班加点生产并组织运输；2010年西南大旱灾，联合南方航空、深圳某支队武警等机构部门，将灾区的救急用水通过最快捷的方式送达；2013年成立百岁山基金会，涵盖了保护居住环境、修缮道路、资助贫困人群、保护水资源、助学等方面。爱人、爱水、爱环境，周敬良默默地将公益事业坚持做下来。

27年风云历程，周敬良从无到有，创造了两个中国驰名商标——"景田"和"百岁山"，他经手的怡宝也是驰名商标。每每向外人提起他的"水事业"，周敬良总有很多的话想说，眉眼间神采飞扬，就像说起自己的孩子一样。

品牌要做大做强，广告必不可少。百岁山连续剧式的广告片播到第四部，现在还有很多消费者在解读笛卡尔和公主的浪漫、广告片的深意。高于生活的艺术表达、巧妙的戏剧性效果、景田与景甜天作之合的明星效应，引起网友热议。这些广告背后的创意其实都出自以周敬良为核心的国内外专业创意团队之手。从创意、拍摄、剪辑到音乐的选择，周敬良总是亲自指导、全程把控。企业做到现在，不只是为了多销售一瓶水、赚更多的钱，周敬良的理念在于"将事业当作艺术的享受和追求"。没有谁比周敬良更爱他自己创立的品牌，带着这份热爱，他把内心理解的、想要表达的用广告片呈现给更多的消费者。周敬良乐在其中，孜孜不倦。

采访的最后，我们提出了这样一个问题："您想过10年后的百岁山是怎样的吗？"他满怀憧憬地说道："我希望未来百岁山可以做成世界上有影响力的品牌，慢慢发展成世界品牌。以前是可口可乐、百事可乐、雀巢、达能这些巨头垄断全球市场，现在中国强大了，应该有些民族品牌走出去。"对水爱得深沉的周敬良还在不断前行！

（杜开旭）

# 张国明:
# 君子乾乾,心怀商道

张国明,1955年出生,海南文昌人。2011年6月,他全票当选广东省海南商会第二届理事会会长。张国明会长明确表示,努力把广东省海南商会打造成有体面、有实力、有影响力、有凝聚力的商会,并提出"光荣与梦想同在,机遇与挑战并进"的口号。

张国明：君子乾乾，心怀商道

张国明，海南文昌人，广东海商骄子。他沉稳的外表下，有一颗坚毅果敢的心。人生融墨彩，回首落梅香。在他蓦然转身之际，那光华耀眼的，不仅是他几十年的商海人生，更是那一颗拳拳的海商之心。在创业的过程中，他以通达之慧、仁厚之心和凌云之志，赢得了成功。

### 诚心正意诚至金开，众志成城众虎所向

张国明在20世纪90年代进入房地产行业打拼，他以海南人坚韧不拔的毅力和不屈服的精神，带领团队努力奋斗，克服各种困难。在奋斗的过程中，他始终坚持诚信为人，在业界赢得了良好的口碑。经过多年的发展，他引领企业取得了傲人的成就。

作为一个在异地创业发展的海南企业家，他在成就自己事业的同时，一直心怀家乡。故乡的山山水水早已演绎成他心中最美的风景。张国明乡情浓厚，为人诚信，热心海商乡团活动，时刻关注家乡的发展。他表示，希望在广东省的海南商人精诚团结，积极参与，共同努力，一起把广东海商打造成有体面、有实力、有影响力、有凝聚力的商帮，努力使刚刚起步的广东省海南商会挤进中国驻粤商协会前茅。

同时，他也表示，作为商会会长，深感自己责任重大，能力有限，希望广东海商精诚合作，尽一份心，出一份力。

据了解，广东省海南商会成立于2008年，海南省原副省长刘名启为广东省海南商会首任会长。从2011年6月开始至今，张国明担任第二届和现任第三届会长。张国明就职以来，广东省海南商会与海南一些重点市县以及广东有关金融机构建立了密切的联系，积极开展经贸交流座谈会，在依法办会、规范运作、能力建设、发挥作用方面进行了规范化管理和运作。在2013、2016、2017、2018年度，广东省海南商会在在粤商会评比中荣获"广东十佳商会""全国在粤十佳商会""最具社会责任感十佳商会"等奖项。张国明在任期间多次被评为"十佳商会会长""最具社会责任感商会会长"等。在广东省内，社会组织总共有近两万家，在2016年度全省社会组织等级评估中，广东省海南商会荣获最高等级——5A等级（在省级商会中，仅有3家商会荣获5A等级）。这也是国内第一家获得5A等级的海南商会。5A等级的获得，对于广东省海南商会的健康有序规范化发展，以评促改，以评促建，为未来逐步实现政府和社会组织购买服务奠定了良好的基础。此外，对于有效树立"海商"新形象，打造"海商"品牌，具有积极的意义。作为广东省海南商会的现任会长，张国明谈到，在商会未来的发展中，会员起着重要的作用，是商会的基石。

张国明重视海商之间的凝聚与联合，他认为，只有大家团结起来，才能不断壮大海商的力量。在发展广东省海南商会的同时，注重合纵连横，抱团发展。2014年9月，经广东省海南商会倡议，在粤9家海南商会成立广东海商联盟，张国明被选举为广东海商联盟主席。广东海商联盟的成立具有标杆意义，对积极发展壮大海商，提高海商凝聚力，使海商群体崛起，树立海商的形象和威望具有推动作用。

**海怀商道海纳百川，情牵海商情系故土**

自创立以来，广东省海南商会积极承担社会责任。据张国明介绍，在汶川和玉树发生地震灾害时，广东省海南商会第一届理事会积极筹备，为灾区捐款捐物。2010年，捐助海南灾区超过1000万元；2012年捐赠宋庆龄发展基金100万元，捐助中小学基础教育近500万元；2013年，开始多次捐赠海南儿童救助慈善基金，一年100万元。2013年1月，由广东省海南商会和广东狮子会联合举办的"爱芯工程"助学活动在海南拉开帷幕。在活动期间，广东省海南商会和广东狮子会成员先后走访了定安龙门镇中心学校、中瑞学校、万宁大茂镇中心学校、琼中太平初级中学和中平镇中心小学、保亭六弓中心学校和毛感乡中心学校等，并在各个学校举行捐赠仪式。该次"爱芯工程"助学行动是两会联合首次在海南开展的慈善服务活动。今后，广东省海南商会将会继续把"爱芯工程"扩大到海南各个市县，让更多的海南学生从中获益。此外，在2014年7月18日"威马逊"台风期间，广东省海南商会向在粤的海南乡亲以及各地市海南商会、社团发起"家乡有难，海商有情，让爱回家"救灾募捐活动倡议，得到全国多省市海南社团的积极响应，仅广东海商为海南灾区人民捐款捐物就已超过1300万元。对于灾后重建工作，海商再度捐款120万元。

"树立海商形象，打造海商品牌"是张国明任职期间的重要任务。2011年6月18日，在张国明的大力支持下，经过向大家、学者和社会各界人士征求意见，达成共识，在第二届理事会就职庆典之际，广东省海南商会举办新闻发布会，首次通过国内外9家新闻媒体向全球推出"海商"概念，结束了海南商人没有名字的历史，继"晋商""徽商""浙商""闽商""粤商"之后，在文字和称谓上树立了海南商人的形象。《海商》刊物也在同日出版发行，得到社会各界的高度认同与支持。张国明介绍道："海商是全世界各地海南商人的称谓，海商文化包含着海洋文化的特点。海南国际旅游岛四面环海的区位特质，海洋贸易历史悠久的人文环境，铸就了海量精神的文化。将'海商'铸造成为一个品牌，是全球海南人的大事！"

自"海商"品牌创立以来，广东省海南商会一直积极推动海商文化的发展。2011年12月，在第十二届世界海南乡团联谊大会期间，在张国明的大力推动下，广东省海南商会与香港海南商会在香港成功创办第一届世界海商论坛。该次论坛以"全球视野下的海商轨迹"为主题，中国经济史著名专家学者、广东省海南商会顾问叶显恩教授阐述了"海商"的特点与内涵，得到社会各界及世界海南商人的高度认同与赞赏。最令人关注的是，由广东省海南商会起草的2011年世界海商《香港宣言》在论坛上签署发布，广东省海南商会创办的《海商》会刊受到广泛赞誉，真正成为海商对内对外交流商情、凝聚乡谊、打造具有特色企业文化的平台。"海商"品牌在更大范围内向全球海南人推广，得到海内外新闻媒体和来自世界各地的海南人代表的热烈响应，让"海商"飞越重洋，远播几十个国家和地区。从2011年12月在香港召开第一届世界海商论坛起，世界海商论坛先后在中国的香港、海南和新加坡、印度尼西亚（棉兰）、澳大利亚等地先后成功举办六届，"海商"已成为海南人共同的文化品牌，为海南人所熟知。

谈到2018世界海商（博鳌）高端论坛，张国明说道："2018年是海南建省办经济特区30周年，也是广东省海南商会成立10周年和广东省海南联谊会成立30周年。为凝聚全球海商力量，促进全球海商积极参与海南未来的经济建设，推动海商文化的进一步发展，广东海商联盟联合广东省海南联谊会、海南省外事侨务办共同举办2018世界海商（博鳌）高端论坛。"论坛以"新时代、新海商、新发展"为主题，于2018年12月1日至3日在海南博鳌亚洲论坛会议中心如期召开，来自世界30个国家和地区的海商精英、琼籍政要和社会名流1200多名代表齐聚博鳌。在全球海南社团的所有活动中，该次论坛是一次级别高，覆盖范围最广，最具代表性，宣传报道有深度、有广度、有个性、多亮点的盛会，是全球海南社团活动的典范。该次论坛的成功举办，极大地树立了"海商"品牌，特别是广东海商的形象，充分凝聚了全球海商的向心力，增强了世界对海南商业文化的了解和认同，扩大了"海商"品牌的影响力。同时，让海外的海南华侨、华人回到家乡，深入了解海南建设自由贸易区和中国特色自由贸易港的政策，使全世界的海商联合起来，积极参与并共同推动家乡海南的建设。海商热情空前高涨。谈到该次论坛的成功，张国明满是喜悦和感恩。他说，没有全球海商和乡亲的通力配合，没有政府和社会各界的大力支持，没有广东海商的极大付出，就不可能取得如此成功。他总是说，商会不是他一个人的商会，他只是千千万万海商中普通的一员，谦卑之情溢于言表。

要么不做，要做就要做好！这就是我们广东海商的张国明。

（王玉婷）

# 韩子劲：
# 男儿有术创"白马"

韩子劲，1957年出生，海南文昌人。华南师范大学硕士研究生，现任白马集团首席执行官。

1986年，韩子定和5名大学美术系毕业生创立了白马广告公司。1995年，韩子劲、韩子伟、韩子定三兄弟将精力全部集中在户外广告业务上。1998年，"白马"与美国Clear Channel（在纽约挂牌上市的全球最大的户外广告公司）合资。借助强大的外援，"白马"建立起"风神榜""擎天榜""风盛榜"等一系列品牌，打造了一个覆盖全国多个城市的户外广告媒体网络。据统计，全国29个城市内建成的候车亭约2万个，白马拥有1.2万个候车亭的经营权。"白马"户外广告在沿海城市，以及北京的市场占有率达70%，在国内的市场占有率则高达80%。

韩子劲：男儿有术创"白马"

韩子劲是海南文昌人，出生于20世纪50年代，当过教师，曾担任广东省科学技术协会副秘书长等。他感恩自己做过的每一份工作，认为每一份工作都没有高低之分，只要用心对待，便能从中获益，提升自己的能力。

机会总是留给有准备的人。20世纪90年代初，韩子劲把握机会，来了一个漂亮的转身，成为香港白马广告公司总经理。在任期间，他兢兢业业，忘我地工作，得到了上司和同事的赞誉。一年之后，他担任白马集团公司总经理。1998年，在各方面条件成熟的情况下，白马广告与全球最大的户外媒体公司 Clear Channel 集团合资经营"风神榜"候车亭户外广告，成立了海南白马广告媒体投资有限公司（以下简称"海南白马"），从此开辟了一片崭新的天地。

韩子劲来自拥有深厚海洋文化底蕴的海南岛，大海的辽阔与宁静、变化与神秘，孕育着开拓、敏锐、不羁、顽强等。这些元素演变成为"海量"的精神境界——重商、冒险、开放、扩张，这也是海商所特有的精神。这位杰出的海商代表用他的坚毅果敢、机敏睿智，为海南白马源源不断地注入活力。海南白马在他的带领之下，走过荆棘与泥沼，迎来了坦途与光明，成为中国广告界的佼佼者。

## "白马"骁腾跃青云

海南白马从1998年创立至今，走过20余载春秋，内炼外修，向社会展示出一种厚积薄发的本土力量与合力共创的品牌智慧。海南白马的母公司Clear Channel集团是全球最大的户外广告集团，于纽约证券交易所上市，具有全球高效运作的先进管理经验。海南白马借鉴国际集团的先进经验，结合在中国20余年的经验积累，运营模式成熟，执行高效精准。

2001年，海南白马成为内地首家在香港主板证券市场上市的户外广告公司，建立了中国最大的户外媒体网络。2005年，该公司又与广东电视台投资创办了国家广播电影电视总局唯一批准的以高尔夫为中心内容的数字电视频道——广东高尔夫频道。从2008年开始，海南白马产品线进一步实现多元化，着手开展中国车身广告业务。作为战略性投资的一步，自2008年年底起，海南白马全面开展北京双层巴士媒体广告业务，并陆续接手整理北京所有公交广告业务。在业界，有口皆碑的太阳神形象广告片、健力宝广告之李宁篇、100年润发广告之周润发篇以及2010年广州"申亚"影视片等，都出自海南白马。

魏源在《默觚》中说："及之而后知，履之而后艰，乌有不行而能知者乎？"如果说，韩子劲在创业之初，关于海南白马的发展大多是理论上的构想，那么，他在引领海南白马的实践中，已经把当初的构想与海南白马的现实完美地结合起来。他从当初的观望与设想，踏踏实实地走到今天，在每一步实践中摸索并总结经验，勤于思，敏于行，创造出一匹腾跃的"白马"！

### 十年博弈敢追风

十年博弈，海南白马创出了一片广阔的天空。以广州、北京、上海为销售核心平台，点式辐射华南、华北、华东，12个重点销售城市有机联结全国，先后在国内29个大、中城市投资数十亿元兴建候车厅、的士站、路名牌、大型广告看板等。与此同时，一支求变、思变、善变的销售队伍与开发队伍在全国发展壮大，遍布全国的1000多名销售精英与开发精英凝聚成一股磅礴的力量。

发展至今，海南白马拥有超过40000个候车亭广告灯箱，覆盖中国经济最活跃的26个城市，突破性地实现媒体与城市公益设施的完美结合。"风神榜"和"风盛榜"是海南白马提供的候车亭媒体网络和公交车身媒体网络两大户外广告平台，不断丰富和壮大的媒体资源及经营优势，为海南白马引入国际品牌和拓展国内品牌提供了完善的一站式户外广告服务。

在发展事业的同时，韩子劲还热心慈善公益与乡团活动。2007年，海南白马捐助600万元支持文昌中学的教育事业。2008年5月汶川大地震后,海南白马又为灾区募捐总值约2000万元,获中国红十字会特别支持奖。作为广东海商联盟执行主席与广东省海南商会执行会长,韩子劲支持联盟与商会的工作,热心参与各项活动,为联盟与商会的发展呕心沥血,做出了杰出的贡献。韩会长谈到,广东省海南商会是一个年轻的商会,也是一个小的商会,但在10年的发展中,它为政府与企业沟通搭建桥梁,积极配合各级政府开展相关工作,为会员搭建交流与合作平台,热心社会公益。面对成绩,广东省海南商会将继续倡导"用心、用情、出力"的思想,加倍努力开创未来。"用心就是我们要专心,要有爱心和奉献之心。商会的发展和会员的服务需要我们用心经营,用爱心呵护,为家乡建设发展奉献力量。用情就是我们要注重乡情,乡情乡音是我们团结的纽带。出力就是付出,没有付出就没有成长,没有收获。只要海内外海南人一起努力,我们就有信心把'海商'打造成海内外知名品牌,有信心把海南商会建设成中国杰出的商会,有信心将广东海商联合在一起,共同做大、做强!"

(王玉婷)

# 王大富：
# 视野决定高度，思路决定出路

　　王大富，1968年出生，海南海口人。海南省第四、第五、第六届人大代表，三亚市人大常委会委员，海南大学理事会理事及客座教授，海南省第七届工商联副主席，海南省企业家协会副会长，"海天盛筵"创办人，海南鸿洲置业集团股份有限公司董事长，"海南省工商业十大领军人物"和"三亚市功勋企业家"。

王大富：视野决定高度，思路决定出路

1968年，王大富出生于海南省新坡镇，当年的小镇少年一心盼着赶紧长大，长大了就可以去海口看看。1986年，王大富高中毕业后只身来到深圳闯荡。彼时，深圳特区刚刚成立6年，王大富从最基础的工作做起。凭借着出色的沟通能力和不断的努力，在短短几年时间里，王大富就从流水线工人转型成为管理者，自己开了服装加工厂，又跨行业做起了石油贸易生意，成功收获了人生第一桶金。王大富把自己的经商之道总结得很简单——"看准时机，跟强大的人开展合作"。

20世纪90年代末，中国房地产市场以惊人的速度发展。王大富看准时机，迅速搭上楼市快车。1998年，他在深圳创立了鸿洲集团，布局房地产板块，为鸿洲集团后来的发展壮大奠定了坚实的基础。

2002年，王大富受海南省政府和三亚市委、市政府邀请，前往三亚市进行项目考察，创业的步伐由深圳迈向了海南岛。同年10月，王大富与政府签订了河口旧城改造项目，启动了海南省最大的旧城改造项目。在随后的6年里，他带领一支专业、精干的团队，将这一片"脏、乱、差"的渔村变成了三亚首屈一指的休闲度假胜地和国际游艇码头中心。2010年前后，乘着"建设海南国际旅游岛"的东风，王大富加大了对旅游产业的投资，陆续兴建了旅游度假酒店，并组建国际游艇会和马术俱乐部等旅游项目。至此，酒店、游艇产业成为鸿洲集团继房地产以外的两大支柱产业，一艘横跨粤、琼的中国休闲度假综合体"航母"已然在南中国成型。借助战略规划策略和资本平台的力量，鸿洲集团以"开创中国海岛度假产业链"的模式，在2005—2010年快速实现了规模扩张和实力增长。

也是在这个时候，王大富抓住机遇，创办了"海天盛筵"这一涉及游艇展、私人公务机展，以及名车、珠宝、艺术等领域的盛会。"海天盛筵"以强大的集聚效应，让三亚游艇产业实现从无到有，进而成为海南新兴产业的新高地，为海南带来了大量资源和利好。

人们对"海天盛筵"的关注度一直在不断地提升。在王大富看来，"海天盛筵"之所以能成功，关键是搭建起了一个独一无二的平台，成功地将品牌商与买家聚集起来。"海天盛筵"以创新的运作模式，将其从曲高和寡的"富人游戏"，变成了都市人的生活方式，成为倡导中国时尚生活的载体。会展期间举办的多种形式的晚宴及社交活动为参展商、客户、政府、媒体等各界人士架构了信息交流、贸易洽谈、宣传推介的平台。2010年举办的第一届"海天盛筵"，成功吸引了宾士域集团、博纳多集团、法拉帝集团、阿兹慕-贝尼蒂游艇公司、圣汐游艇公司、公主游艇公司世界六大游艇产业巨头齐聚三亚，成为国内首次超级游艇在水上汇集的展会。2011年，长达65米的AMBROSIA超级游艇亮相。2012年,"海天盛筵"游艇展商世界豪华游艇制造品牌哈特雷斯宣布正式进入中国,还有众多国际游艇品牌也与国内游艇厂商达成技术与资金合作意向。

2017年7月,鸿洲集团和深圳机场集团共同投资建设的深圳机场鸿洲国际游艇会投入运营。很多人猜测未来"海天盛筵"是否会在深圳举办,或是在两地同时举办。对此,王大富给出了明确的回答:"未来我们将会在深圳举办'海天盛筵',一个上半年,一个下半年,但三亚永远是我们的主会场。过去的几年,'海天盛筵'已经在北京、成都、上海、香港、深圳完成了几次路演活动。"

2019年,"海天盛筵"也将迎来第十届。十年耕耘,经历过辉煌,也经历了谣言与困难。一路走来的曲折坎坷,只有王大富心中最为清楚:"'海天盛筵'已经成为三亚,甚至海南的名片,我们将继续做下去,同时继续提高'海天盛筵'的影响力,让更多品牌慕名而来。"

多年来,王大富带领鸿洲人深耕游艇产业,投入众多资源,将鸿洲游艇港打造成一个集游艇租赁、游艇销售服务、游艇泊位、会籍、赛事运营、游艇会展、游艇产业街及游艇酒店于一体的游艇产业王国。不仅如此,鸿洲集团还利用自身优势和资源,积极投身于世界顶级赛事。继承办、赞助世界小姐决赛、海南国际马拉松等诸多顶级赛事后,鸿洲集团积极与国际摩托艇联合会(UIM)等国际知名海上运动赛事组织者合作,将世界近海一级动力艇锦标赛(CLASS 1)和摩托艇世界锦标赛专业级花式大奖赛（AQUABIKE）赛事成功引入亚洲。同时，鸿洲集团积极推动中国帆船赛事的发展，联合专业帆船爱好者，成功举办司南杯大帆船赛；联合摩纳哥皇家游艇俱乐部，组织中国杯青少年OP帆船赛，为中国青少年水上项目的发展提供了资源与机会。

王大富也是一位热衷社会公益事业的人。作为土生土长的海南人，他在积极投身海南城市基础建设、解决城市就业安置的同时，还积极参与海南社会公益事业，兴企为民，时刻关注贫困老人、残障儿童、伤残病患者、遭遇天灾等不幸人士的生活现状。2010年，他为海南抗洪救灾和灾后重建捐助了1000万元。另外，王大富积极投身于捐资助学，着力改善乡村基础教育，倾力帮助海南教育事业发展。近年来，鸿洲集团为各类公益事业累计捐款3000余万元。

王大富创业靠的是不服输的精神和诚信待人的品格，坚持"人品第一、能力第二"的理念，因此在创业的过程中得到了很多人的帮助。王大富今天获得的成就，是靠自己的智慧和努力一步一个脚印拼出来的。正如他自己所说，无论做什么事情，都要脚踏实地。

（杜开旭）

# 王 锦：
# 石痕绚彩照人生

　　王锦，1967年出生，海南澄迈人。1991年在深圳创办宝玉石工作坊，1995年在东莞创办宝玉石加工厂，2004年在惠州买地自建面积6500平方米的厂房，创办了惠州市七星宝首饰有限公司。现任广东省珠宝首饰商会常务理事、广东省珠宝玉器厂商会理事、香港宝石厂商会理事。公司的宝玉石产品远销美国、东南亚等地，在广州、泰国设有批发门市部，在浙江、湖北、南京、沈阳及山东等地有合作伙伴销售终端市场。公司与美国珠宝公司 Fire Mountain Gems 签订了长期合作协议，与国内多家知名珠宝公司建立稳固的合作关系，每年都有新产品参加中国香港、泰国等国内外的大型珠宝展销会。

王锦：石痕绚彩照人生

时至今日，王锦的双手仍然有厚厚的老茧，虽然告别"磨石"这种"冷兵器"已经 30 余年，可他双手手心的一道道伤痕，记录了他的奋斗历程。人生就像一场戏，有欢喜，也有悲哀，所有的得失都只是一种经历。

王锦，这位 1967 年出生于海南省澄迈县的人，至今对 20 世纪 60 年代末的家境记忆犹新。当时村里土地贫瘠，耕作物不足，他家是村里的贫困户，房屋仅靠一些破碎瓦片和几根木头支撑。6 岁那年，父亲离世，年仅 40 岁的母亲与 4 个小孩相依为命。作为次子，王锦早早就因生存而担起养家糊口的重担。早晚饭没有着落，王锦不得不外出打拼谋生。

1986 年，王锦迎来了一次机会，来到深圳。王锦谈道："当时进工厂有难度，需要有关系介绍才能进。那次机会也是难得，也许是命运的垂怜。"当时从海南来广东打工的人很多，但很多人最后都回去了，王锦却感谢工厂给的机会，在住宿简陋、生活艰苦中咬牙坚持。王锦心里明白，放弃就是失败，回家日子更难。所以在工作中，王锦勤勤恳恳，认真学习各部门的技术，甚至下班后到其他部门给同事帮忙，

## 王锦：石痕绚彩照人生

不放过任何一次学习的机会。很快，王锦就掌握了磨砂轮、切料、雕刻、用料选料这些工作，以出色的表现进入核心车间，此后又虚心向老前辈学习雕工技艺。为了学好这门技术，王锦的手指常常磨破出血。

1987年，当时计件工资月薪能拿200多元已经算是高薪了，王锦却将记录刷新到500元。为了能学到更多的技术，王锦放弃了计件工作岗位，选择玉石雕刻岗位。虽然这个岗位月薪只有350元，但是王锦明白，磨刀不误砍柴工，学会技术就有了赚钱的本领。

为了省钱，王锦3年没回家过年。看着老乡们一个个背着行囊回家团聚，他只能悄悄躲在没有人看得到的角落里安慰自己。他把回家的路费省下来都寄给家里盖新房。有一年，王锦自己摸索电焊技术，伤到了眼睛，一个人像瞎了一样地过了一个难忘的春节。

由于准备不充分，很多方面条件不成熟，1989年，王锦第一次"跳出来"，自己加工玉石，却以失败告终，在创业路上摔了一大跤。为此，他再次回工厂打工，同时认真总结经验教训，积累资本。

1990年对王锦来说，是幸运的一年。这一年，一个重要的人悄悄走进了他的生活，她就是王锦的结发妻子，也是事业上的搭档——王萍。他们在一次老乡聚会上一见如故，当时王萍高考失利，王锦创业失败，同是天涯沦落人，从此相互关心鼓励。后来，他们进了同一家公司打工。有了王萍的鼓励，王锦更加坚定了创业的信心。

1991年，王锦夫妻在深圳市石岩镇开办玉石工作坊。当时玉石市场比较火热，王锦很快赚到了第一桶金。然而，天有不测风云，1995年的一场大风雨毁掉了工作坊。幸运的是，工作坊10多人平安无恙。后来经过两次搬迁，最后在东莞市清溪镇租了一栋小厂房，慢慢稳定下来。

1997年是玉石行情最好的一年。王锦乘风破浪，大胆与台商品牌合作，设计的产品大受欢迎，员工工资也大幅度提升，干劲十足。厂里不少人回家乡盖房子、娶媳妇。从那以后，王锦每年回家乡都有人来"投奔"他。因为当时厂子小，容不下那么多人，只能优先考虑家庭贫穷和无依无靠的人，所以拒绝了一些人，也因此得罪了不少人。

人生多变，1999年玉石市场突然不景气，加上经营不善，王锦亏了一大笔资金，还欠了一大笔债务。对于那次"创伤"，王锦谈道："那时工厂面临倒闭，已经到了弹尽粮绝的境地，资金周转不过来，想过打工还债务，也想过回家种田，经历了空前的焦虑与不安。"当时，只有王萍一个人默默地为王锦分忧解难，并对他说："咱们本来就一无所有，现在赚到了家庭和孩子，大不了从头再来。"王锦觉得王萍的话在理，至少还赚到了一堆旧机器，于是重拾信心，和妻子一起想办法应对困难。

患难见真情，王锦夫妻经过这次考验，感情得到升华，同时也为后来的创业奠定了坚实的基础。

经过不懈的努力，2001年，工厂重新步入正轨，并在广州经营了批发门面，产品供不应求。2004年，王锦乘胜追击，在惠州买地自建面积6500平方米的厂房，创办了惠州市七星宝首饰有限公司。

从租小厂房到拥有自己的公司，王锦的玉石经营规模不断扩大，招收的大部分员工来自海南澄迈。一直以来，王锦累计在海南老家招收了近千名员工，200多对员工在公司喜结连理，至少有30名员工在他的支援与带动下也开了玉石加工公司，成了他的战略合作伙伴。现在，王锦身边仍有不少跟了他十几年甚至20多年的老员工。王锦感慨道："感谢陪伴我成长的每一位，没有你们的付出，就没有我的今天！"

王锦先后任广东省珠宝首饰商会常务理事、广东省珠宝玉器厂商会理事、香港宝石厂商会理事。公司产品远销欧洲、东南亚等地，公司还在广州、泰国设有批发门市部，并与国内外多家知名珠宝公司建立稳固的合作关系。

吃水不忘挖井人。如今，生活富足的王锦回到家乡，带头修缮宗庙，资助学子读书，希望通过自己的创业故事，激励更多来粤务工的兄弟姐妹敢于面对挫折，闯出自己的一片新天地。

（杜开旭）

# 蔡春萌：
# 从农场子弟到海商翘楚的人生蜕变

　　蔡春萌，1965 年出生，海南儋州人，工商管理博士。1989 年，毕业于广州师范学院历史系，随后留学英国。1993 年，学成归国后，加盟广东天贸集团，任物业管理公司副总经理，负责天河城项目物业管理与前期招商，该项目是改革开放后中国商业史上的第一代传奇。1999 年，加入合生创展集团，任集团副总裁兼广州公司总经理，助力合生创展从区域性地产企业迅速成长为珠三角乃至全国知名地产品牌，被誉为中国的"地产航母"。2006 年，加盟恒大地产集团，任董事局副主席兼执行总裁，参与恒大地产集团的全国宏伟战略布局。2008 年，创立广东广物房地产开发有限公司，成绩斐然：布局广州、佛山、海口、三亚、中山、韶关、湛江等 10 多个城市，累计开发项目 37 个，土地储备面积超 1000 万平方米，其中在海南就拥有三四百亿元的体量和货值。在逾 26 年的地产从业生涯中，蔡春萌创造了无数行业奇迹，积累了丰富的行业经验和资源。

　　现担任广州瑞萌投资有限公司董事长、政协第七届海南省委员会常务委员、广东省海南联谊会会长。

蔡春萌：从农场子弟到海商翘楚的人生蜕变

2019年4月30日中午，笔者有幸来到琶洲保利国际广场采访广州瑞萌投资有限公司董事长兼广东省海南联谊会会长蔡春萌。

西装革履、仪表堂堂的蔡会长神采奕奕，谈吐亲切温和，举手投足中却时时透着几分威严。这份不怒自威的精气神源于他精彩的、波澜壮阔的人生经历。

## 初试身手

生于1965年，在海南阳江农场长大的蔡春萌属于同龄人中的幸运儿。1985年，蔡春萌顺利考入广州师范学院历史系，走出海岛，成为那个年代"千军万马过独木桥"接受大学教育的天之骄子。毕业时正值改革开放初期，国人睁眼看世界，不少年轻人纷纷走出国门，"留学热"成为时尚。1990年，蔡春萌也离开了祖国，留学英国。在英国的3年，西方思潮与他一直接受的中国传统文化教育碰撞出了火花，对时代的发展、对国家的未来和人生的方向，蔡春萌反复思考，不断获得崭新的认识。中国与西方经济的巨大差距让远涉重洋求学的蔡春萌意识到自己肩负着的沉甸甸的责任；而同时，国家如火如荼的改革开放也让他看到了未来巨大的发展机遇。

1993年,蔡春萌毅然回国,加盟了广东天贸集团,负责天河城广场前期的招商和物业管理工作。他从最基础的业务员做起,通过积极进取和不懈努力,一直做到了副总经理的职位。

1996年8月18日正式开业的天河城是国内最早的商场之一,总投资12亿元人民币,占地4.1万平方米,建筑面积达16万平方米。这座规模宏大、功能齐全的现代综合型购物中心开创了一种全新的消费理念,把广州的商业提高到一个新水平。它改变了广州的消费生态,将第一消费旺地从北京路转移到了天河城广场,并带动周边的发展,形成"天河城效应",包括后来正佳广场的兴盛。天河城被业界誉为"中国第一商城",名副其实。

回国后选择的第一站,给了蔡春萌崭露头角的机会。他以优秀的管理能力、国际化的视野和思维,在项目的招商和物业管理中做出了傲人的成绩,积累了丰富的人脉资源与实战经验,同时也在业界积累了名声与品牌。

**"打工皇帝"**

好的开始等于成功的一半,在追求成功的道路上,蔡春萌一直没有停止过前进的步伐。

1999年,蔡春萌再上台阶,加盟后来成为"地产航母"的合生创展集团，担任集团副总裁兼广州公司总经理。在合生创展，他所管理的15个项目为集团创造了每年45亿元的销售业绩，助力合生创展从一个区域性的地产企业迅速成长为珠三角乃至全国房地产界深具影响力的地产集团。

伴随着蔡春萌的加盟，合生创展的突飞猛进。到2006年，合生创展连续3年居中国地产百强企业前三甲。蔡春萌负责的广州板块亦荣誉加身，硕果累累。如荣获2006年度中国广州十大最具竞争力房地产品牌第一名、2006年度中国广州最具诚信度房地产企业30强第一名、2006年度中国广州最具竞争力房地产企业30强第一名，等等。他本人亦荣获"中国房地产品牌十大领军人物"称号。此时的蔡春萌已经成为业界大咖，事业风生水起。

2006年，恒大集团开始招兵买马，全国布局。蔡春萌被恒大集团招募到地产集团，担任董事局副主席、执行总裁，负责恒大地产全国业务拓展的筹备工作，为他丰富的地产经历再添浓重的一笔。

### 创业辉煌

两年后的2008年，当了10多年"打工皇帝"的蔡春萌萌生了自己当老板的想法。他说自己的职业经理人生涯已经做到顶了，希望能挑战自我，进一步实现人生的价值与梦想。这一年，他创立了自己的房地产开发公司——广东广物房地产开发有限公司（简称"广物地产")。

2008年时逢世界经济低迷，国内形势多变，蔡春萌却看准机遇，低谷入市。很多人看不懂，说他疯了。蔡春萌坚信"危机危机，危中有机"。他看好国内房地产的未来，趁低吸纳，储备土地，为后来的发展奠定了基础。公司以"精以行事，德以为人，信以立业"为理念，凝聚了一批地产界、商业界、贸易界、管理企划界的精英，组建起年轻化、高学历、高素质的员工队伍，建立起科学、高效的管理体系。

10年之后，广物地产成绩斐然：布局广州、佛山、海口、三亚、中山、韶关、湛江等10多个城市，累计开发项目37个，土地储备面积超1000万平方米，其中在海南就拥有三四百亿元的货值。

2018年3月，广物地产第一大股东广东物资集团正式挂牌，出让其持有的45%的股权，引来了碧桂园集团、保利地产、阳光城及卓越集团等地产大鳄近15小时497轮的争抢，最终以溢价42.71%花落碧桂园集团。

经过10年的精心经营和一系列的资本运作，广物地产资产投资增值达1133倍，为广大股东创造了丰厚的回报。

创业的第一家企业便取得如此辉煌的成绩，是对蔡春萌多年努力、厚积薄发的最好回报。

### 扬帆再起

2018年，蔡春萌再度发力，组建了广州瑞萌投资有限公司，在萃取广物地产10年沉淀的基础上，全面打造"瑞萌投资"新品牌。蔡春萌一声将令，四方精英纷纷来投，建言献策，很快便组建了一个强大的团队。不到一年的时间，瑞萌投资已稳健布局广州、珠海、汕头等沿海区，并进一步拓展海南、泛珠三角区域，实施了"横琴人文天地""北斗科技园区""科学城"等多个项目，未来发展可期。

蔡春萌连续创业成功并非靠一时运气，而是与其卓越的思维能力和超强的个人魅力息息相关。

谈及创业所需要的条件，蔡春萌总结了"四个需要"：需要一定的资金做支持，需要充足的经验做基础，需要良好的心理素质做支撑，需要优秀的合作伙伴做搭档。

说到当CEO与老板的不同，蔡春萌认为，从时间与空间支配的权力上来说，CEO支配权比较低，而老板能够自由安排时间和空间。然而，当老板责任大、压力大，他曾经从银行贷款约180亿元，利息一年就要10多亿元。每天一睁眼就是欠债，可想而知老板的压力有多大，这跟职业经理人的压力不可同日而语。当然，一个好的职业经理人压力也很大，因为老板主要看你的创造与贡献，看你解决问题的能力。

## 良心企业

说到企业成功的关键,蔡春萌认为是责任感。

一些商人追求利益最大化,或者偷工减料降低品质,或者弱化物业管理服务,或者拖欠挤占工程款,或者挪用农民工的血汗钱……而蔡春萌认为,社会责任比赚钱重要,因此,他重品质、重服务、重信誉。他说,房地产业发展至今,如果还像以前那样靠关系去抢夺资源,那肯定是要被淘汰的,一定要有社会责任感。他很自豪地说,广物地产所建的37个项目没有任何重大法律纠纷与客户投诉,即为明证。

问及蔡春萌有没有自己不满意的项目,他说没有。每到一地,每打造一个项目,他都将其作为标杆来运营,口碑甚好。他说:"我们的社会责任感还体现在不给政府添麻烦,不干不道德的事情。"他还用了一句十分通俗的话来表达自己的价值观:"不要把你的快乐建筑在别人的痛苦之上。"蔡春萌说:"我不讲究规模,而讲究质量。我们追求做一个有品质的企业、让社会在意的企业、让员工满意的企业。"

成功的企业必然有优秀的企业文化。除了重良心、负责任外,也要讲诚信、勇担当。

蔡春萌要求下属要有担当。他说,一个没有担当的人,喜欢推卸责任,好事揽给自己,坏事推给人家。这种人没出息,没朋友,没发展前途。谁没有缺点?错了就大胆承认,下次不再犯即可。他喜欢真实而勇于担责的同事。他说，敢于认错，领导欣赏你，别人也愿意跟你共事。

蔡春萌懂得分享。其团队骨干均享有公司股份，当年与他一同创业的广物地产的合伙人也有股份。后来，他成立瑞萌投资公司，专门拿出35%的股份分给高管。分享使团队更具凝聚力与战斗力，也能让他轻松地考虑战略与方向的大问题。他最反对"掌门人"事无巨细，忙上忙下的管理模式，认为老板越忙，下面的人越缺乏责任感，企业也就不能获得良性发展。

### 用人之道

蔡春萌说，如果老板很轻松，说明他会用人，不轻松的老板多是因为不会用人。

优秀的领导，一是要定战略，二是要用好人。蔡春萌用人重在用优点，他说，如果整天盯着别人的缺点，那会无人可用。

清代著名的军事家杨时斋带兵，把瘸子派去守炮台，炮台受攻击时不会逃跑，反而会稳定军心；让哑巴当传令兵，即使被俘也会守口如瓶；用瞎子去前哨打探敌情，瞎子的听觉非常灵敏，在前哨可以听到几十里外敌人的动静；把聋子留在帐内，因为听不见，就不用担心泄露军情。这说明一个道理——用人用长处。

"我在公司虽然不怎么讲话，但是一直在观察人，看一两件事情就知道了。能有今天的成绩，和我善于用人是分不开的。用人当用心，用人当用长，不管是股东也好，员工也罢，都要做到用人不疑，疑人不用。"蔡春萌说。

蔡春萌也反对用人用到尽，让员工加班加点，忙得不可开交，造成员工亚健康，心里有怨气。他倡导快乐轻松的团队文化，坚持以人为本，反对为工作累坏身体，尽量不加班，并鼓励年轻人多锻炼，保护好身体。公司每个星期都设锻炼日，组织员工进行篮球赛、羽毛球赛等文体活动。

## 为人处世

爱学习亦是蔡春萌的特点。从小受家庭影响，蔡春萌热爱学习，与时俱进，工作忙碌亦不忘充电。这些年，他陆续拿到了澳大利亚悉尼大学工商管理专业硕士学位、中山大学研究生学历、长江商学院高级管理人员工商管理硕士（EMBA）学位和美国中北大学工商管理专业博士学位。在团队建设上亦刻意打造学习型组织。

蔡春萌还是一位非常有孝心的儿子。他将父母亲安顿在身边，经常带他们出去吃饭、旅游。他说，父母天天看着孩子工作是一种幸福，看到孩子事业成功就会心情好，心情好就会长寿。

他常常教育手下一定要尽孝。他认为，一个不懂孝顺的人，人品是有问题的。尽孝是一种感恩的体现。人要学会感恩，懂得感恩，这样朋友就会越来越多。

蔡春萌每年都会去拜访以前工作过的单位的老领导、老同事。他虽然离开了老单位，却人走茶不凉，颇有人缘。

正所谓做事先做人。蔡春萌有今天的成就，与其良好的人际关系密切相关。

### 海商翘楚

德高望重的蔡春萌连续担任了3届广东省海南联谊会会长，他谈到自己加入社团活动的初衷，就是想为海南同胞的共同发展尽一分力。广东省海南联谊会至今已有31年的历史，自成立以来，就秉持着"联结乡谊、服务乡亲、回馈乡梓"的创会宗旨，做了大量工作，尤其是在助学扶贫、赈灾救难、投资置业、建设故乡等方面。蔡春萌担任会长期间，带领大家筹资在广州置办了永久会馆，发动总会及属下各分会投身扶困助学、赈灾等社会慈善活动。广东省海南联谊会成为2018世界海商（博鳌）高端论坛的主办方之一，蔡春萌给予了大力的支持。如今蔡春萌不忘家乡发展，积极参与家乡海南的招商引资工作，投资海南的各项建设，纳税数亿元，为家乡创造了大量就业机会，为社会创造了诸多经济效益和社会效益，得到广东省和海南省有关部门领导的一致好评。

## 蔡春萌：从农场子弟到海商翘楚的人生蜕变

  一路乘风，破浪而行。从普通打工者到商界传奇，蔡春萌完成了人生的重大蜕变，然而，他身上始终保存着一份印记，就是那个时代远渡重洋异国求学的探索精神，也是一个海南商人敢为人先、拼搏进取的气魄与博大的情怀。

（谭军波）

# 汤集祥：
# "百变"艺术家

汤集祥，1939年出生，海南琼海人。1958年考取广州美术学院版画系，1962年至1970年在佛山民间艺术研究社从事木版画、剪纸创作与研究。1978年调入广东画院，1986年当选为第四届中国美术家协会理事，1987年被任命为广东画院副秘书长兼创作室副主任，1988年被任命为广东画院副院长。1988年被评为一级美术师。1992年起享受国务院特殊津贴。2000年从领导岗位退下来。2002年被聘为广东画院艺术顾问。现为中国美术家协会理事、一级美术师。油画《耕海》（与余国宏合作）、中国画《旧中国一桩真事实》获第六届全国美展铜奖，《石破天惊》获第六届全国美展优秀奖并为中国美术馆收藏。先后在岭南美术出版社、杨柳青出版社、海南人民出版社和三环出版社出版过5本专业画集。主要作品还有《一桩往事》《飘走的歌》和《印女汲水图》等。

汤集祥："百变"艺术家

"老夫八十，好在尚不至于垂垂，应该得益于跟画结缘。正如董其昌所说的'水墨蒙养'。"汤集祥笑着解释其养生之道。眼前的这位八旬老艺术家，一头微卷的黑发披肩，儒雅的脸上戴着一副金丝眼镜，更显斯文。说话缓慢，娓娓道来，言语间的艺术观念却颇为大胆，与其低调的为人截然不同。

纵观汤集祥的80年人生，他一生都在艺术道路上狂奔。他涉猎广泛，而且大多十分专业。其所涉猎的艺术门类有剪纸、雕塑、版画、油画、中国画、连环画、宣传画、插图等，不论何种门类、何种技法、何种门道，他都专注精深，得心应手，成绩斐然。

《易经》有言，这个世界唯一不变者，便是变。汤集祥的博学多才不仅为他的艺术创作奠定了扎实的基础，也为他带来了广阔的视野。这些不同艺术门类和艺术理念的撞击与融合，又给他的艺术生涯带来源源不断的灵感和创新，让其以艺术"百变"饮誉美术界，备受北方画坛推崇。

当被问及哪个时期是他创作的黄金阶段时，汤集祥不假思索地说，"每个时期"。他表示，直到现在，他的艺术创作欲望还很强烈，觉得还可以继续画下去，永不止步。

**驳杂的涉猎奠定多变艺途的基础**

汤集祥博采众长，以"多变"著称，虽然创作张狂，但为人十分低调，极少接受媒体采访，因为他一直以来总是醉心于艺术，对名利看得十分淡泊。但被问及关于艺术的心得，他倒是非常愿意与后学交流分享。

"少年时，不是不喜欢画，而是画不过同学，墙壁报的刊头，总是轮不到我画，只能抄写作文，因而从小书法得到锻炼。上初中后，有机会升格画报头，算是个开始。高中毕业后无缘读美校，却考上武汉大学法律系。一年读下来，毫无兴趣。倒是学校里有个美术组，在那我如鱼得水，而且深得李达校长的秘书赏识，支持我退学重考广州美术学院版画系。"汤集祥坦言，他早年学艺并不是很顺利，后来进了广州美术学院，才真正走上专业的艺术之路。

由于艺术基础比较薄弱，汤集祥大学一、二年级时成绩一般，三、四年级时才有所进步。因为在校时，常在《羊城晚报·花地》上发表文字，在同学中也算是个"人物"。毕业后，他被分配到佛山民间艺术研究社，学习木刻门画、剪纸，之后才稍微有点名气。

"文革"后期，汤集祥到佛山文化馆工作，那是一个干杂事的地方。好在他当时年轻，什么都愿意接触：放大领袖像，他学会了油画；

各类宣传教育展览,则成为他学习多门类艺术的课堂。甚至中国画、宣传画、连环画,连雕塑他也敢去碰。正是毕业后的那段经历,让原本对多元艺术充满好奇心的汤集祥不知不觉掌握了诸多门类的艺术,为其后来的艺术生涯奠定了基础。

广东省美术家协会主席、广东画院院长许钦松评论说:"汤集祥是一位大杂家。他涉猎剪纸、雕塑、版画、油画、中国画、连环画、民间木刻年画、插图等。几乎所有的艺术门类均有良好表现,成果颇丰,尤其难得的是,汤集祥还写得一手好文章、一手好书法……汤集祥又是一位专家。不论何种门类、何种技法、何种门道,他都专注精深,得心应手,成绩斐然。他多种门类许许多多的展览记录,即是明证!"

### 创新画作《耕海》一炮走红

"我的成绩最开始得益于我的好奇心,因为对各个门类的艺术都深感兴趣,且多有尝试,学的东西比较驳杂。不过,也正因如此,才有后来的从量变到质变。另一个是我经历了各个单位最好的时期,确实很幸运,这让我的艺术之路少了许多阻力。"回顾往昔,汤集祥感慨道。1962年从广州美术学院版画系毕业后,他被分配到佛山民间艺术研究社,当时正是广东民间艺术最辉煌的时期;之后转到佛山文化馆,那段时间文艺从业者在文化馆的待遇最为优厚;1978年调入广东画院,时值广东改革开放之初,画院同人思想解放,创作氛围热烈,对画家来说，在所有的文化单位当中，画院是最好的单位之一。"当时广东得改革开放风气之先，画院画家积极投身于改革开放的生活中，大胆探索，勤奋创作，取得了显著的成绩，我的许多代表性作品都是在这一时期诞生的。"汤集祥笑着说。

"虽然我出道比较早，而真正成名还是靠与老友余国宏兄合作的《耕海》。"汤集祥表示。1974年，他与余国宏合作的油画《耕海》参加了全国美展，一炮而红。虽然汤集祥坦言，"以现在眼光来看，油画技巧一点也不高明"，但在那个满是"红、光、亮"革命题材的年代，这幅画却足够大胆。它以灰色调为主，注重形式，"犹如一首抒情而优美的小诗"，令人眼前一亮。艺评家杨小彦说此画是"红色年代的一点灰色"。另一位当红的艺评家鲁虹说："这在当时是很难得的。"

该作品大胆创新，受到不少艺术界人士的喜爱。鲁虹就说，他曾经临摹过好几幅《耕海》，送朋友结婚或安居房；国家博物馆原副馆长、艺评家陈履生也跟汤集祥说，他也临摹过此画。可见该画在那个年代还曾泛起点涟漪。

"别人画明亮色调，我却画灰调子，当时确实受到了压力，经常被单位领导批评。"时隔多年，汤集祥回忆当时的情景，不胜嗟叹。因为《耕海》这幅画而成名的汤集祥，几十年来从未放下画笔。退休后，他开始了逍遥的生活，每年有几个月在澳大利亚度过。澳大利亚的优美风景和风土人情，带给他很多绘画灵感和题材。

### 从写实到写意再到写实的蜕变

"我真正进入艺术顺境是从黄新波、关山月老师把我调进广东画院开始的。"汤集祥说。进画院之初,他的技术背景基础准备只是版画、民间彩色装饰构成等杂七杂八的东西,因此,他便先选择画一批装饰性硬边重彩向中国画靠而不是中国画的画。这种画艺术纯度不正、不地道。好在他在基层积累多年,还有点生活气息,有点趣味,有点意境。故冰兄老人说:"他的艺术毕竟是从生活现实出发,又非常讲究艺术形式,路子走得对。"

在此期间,汤集祥尝试画海南家乡黎族的写实题材。童年在乡下,汤集祥就听到许多有关黎族的传说、传闻、传言,特别是1961年为搞毕业创作,他到过五指山腹地,在山寨群中唯一的一间瓦房里见过黄国兴。黄国兴是海南人传说中的"神",汤集祥感触万端,不胜唱叹,于是,心中留下一个"结"。

进入广东画院后,汤集祥觉得有条件松开这个"结"。于是,他用7个月的时间画了两幅画——《旧中国一桩真事实》和《石破天惊》。两幅作品双双入选第六届全国美展,前者还获铜奖。"这是我进画院的投名状吧。此后还继续补充画一批五指山沧桑之作,算是了结了童年的夙愿。"汤集祥说。

哲学家肆僧、评论家立泓这样描述汤集祥:"他像个在清辉流布的月夜里独行的孩子,不时停下来,紧张地盯着自己的影子,惶惑地想,下一步呢？变，只有变。"尝试过理性的、硬边的、重彩的画风后，珠江三角洲的生活开始召唤汤集祥，那里成为他的第二故乡。他重新流连桑基鱼塘、鸡场鸭寮、艇仔便桥、芭蕉竹林。硬边被水景溶掉了，重彩被墨章代替了，宏大高调被浅淡小巧遮蔽了，刻意的人物修长被随意松散的稚拙造型取代了。这期间，他画了不少于100幅的《飘走的歌》，也获得过全国首届中国画展的佳作奖。

再后来，因为有两个女儿嫁到了澳大利亚，汤集祥每年都要在悉尼住上一段时间，那里的阳光空气、云彩大海和绿地，让他顺其心性地画画。而这次的画风又重回写实，因为"这么完美，如此迷人，不忍心窜改自然"。

"我过去的那一套主观法一概无用，重走写实之路。"汤集祥说。他的《天鹅》系列也是此时所画，一是由于天鹅是象征爱情忠贞之物，是当今世界稀缺之灵魂，他心敬仰之；二是由于天鹅造型丰满壮硕，黑白分明，红唇鲜目，气质昂扬高贵，他心仪之，也得用写实之法为之。

### 画字的同时也画出山水

汤集祥的艺术创作并不拘泥于一种技法，他追求艺术创新，几乎每隔一段时间就会大变一次。随着视野的扩大和年龄的增长，汤集祥觉得山水才是中国艺术的高标正统，也极适于老人修身养性，于是私下学起传统山水画。与中年时期的画作不同的是，近年来，汤集祥进行的创作是在"画字",而非"画画"。笔者在其位于广东画院的画室里看到,汤集祥的"字"画散落在各处,令人惊讶。譬如,在一幅画作中,暗藏了"春暖花开"4个字,还隐约可以发现当中又有完全不同的4个字——"天下为公"。汤集祥说,实际上,这是一幅画,画作之中隐现的文字,则传达了画作的内容,以及艺术家所想表达的思想内涵。

"虽然越学(山水画)越理解,越理解越喜欢,但我始终讨厌那老一套的章法、那一成不变的范式。怎么办?只有往乱处画,才能补救平庸章法的弊端。乱画就是把视点放开迁移,给你忽高忽低、忽左忽右的视像,触发出新的境界。这境界是如此出其意外,如得神助,如游山阴道中,奇景冒出。在涂抹中尝到了兴奋原点,简直是爽极了。然而,涂着涂着,觉得起笔容易,收笔难。我想抽象画难也难在何时停下来。画不够,效果出不来;画过度了,一塌糊涂。恰到好处,难以掌握。"汤集祥谈到创新的过程时说,这源于他本人比较喜欢书法。因为中国的文字从自然界而来,从鸟虫鱼兽而来,他"画字"是把文字还原到大自然中去。况且,中国的文字结构、书法结构,本身就美得不得了。"于是,我想起草书书法,何等肆意痛快。线条处放胆挥去,空白处秋毫不犯,有行有止,不越雷池,知其白,守其黑。20年间是书法引导我,顺理成章,形成现在这个样子。"汤集祥说。他画山水,画的不是某个具体的山水,如黄山、泰山、桂林山水,而是字之山水,字中有山水,山水亦是字,在画作中融入了中国汉字。从小篆、草书到行书、楷书,从传统繁体字到简体字,或是杂糅其中,不一而同,皆为其所用,其画作却又不显纷乱,主题突出。

**"时代瞬息万变,我也永远在变"**

在将近 40 年的画院画家的生活中,无论在职还是退休,汤集祥每天都在创作,每天都在尝试创新。"就这样玩过来玩过去,顺其自然,一个系列一个系列地玩,乐此不疲。"汤集祥说,"1984 年,冰兄老人画了一张漫画送我。画中的人作秉笔沉思状,右侧落款一行:'点画至过瘾呢?'揭露我贪玩的嘴脸。行内朋友送我一个戏谑的诨号:百变汤集祥。"

2008 年出版的《画思常动——汤集祥六个课题新作集》汇聚了汤集祥众多艺术代表作,创新是当中的一大亮点。其中的作品或探讨了"景"的文化性问题,或隐喻对爱情和亲情的珍爱与呵护,或赞美人的"精神",或体现对"心"的关怀,或尝试"图像"生成的多种可能性,或是关于"气"的表达。中央美术学院美术馆馆长、广东美术馆原馆长王璜生说:"我一直敬佩汤老师的是他的这种既充满童心又富于理性的人生态度,是常动常新,永不停步,不断思考、不断创新的干劲和精神。"

许钦松对他的评价则是恒定和多变。许钦松说,汤集祥多变,是一位艺术的大玩家。他的变是年年变、月月变。他题材变、门类变、技法变、风格变，变变复变变，层出不穷，玩尽了花样，令人目不暇接。变是天地万物的生命轨迹，也是一切艺术活动的恒定状态。艺术因变而鲜活，也因变而辉煌。

在许钦松看来，汤集祥是善变的。"他的善变，是因其对艺术有判断，有追求，有思索，有体悟；他的善变，是深刻理解变的本义，由变的初衷到变的目的。在汤集祥善变而又多变的艺术世界中，我们能够感受到他对艺术的执着和对人生的真诚。"许钦松如是说。

时至今日，汤集祥每天都坚持画画，心还是冲动的，但常常困扰他的是："我与时代的审美趋势合拍吗？"他内心最终的答案则是："向先生学，这是永远的，但尤其要向年轻人学。我的时代啊，瞬息万变，唯其变，才能保持艺术生命力。"

（沈汉炎）

# 林明琛：
# 海南油画第一人

林明琛，1941年出生，海南文昌人。曾在文昌县山梅学校、海口市第九小学、海口市第一中学就读，1961年考入广州美术学院油画系5年制本科深造。毕业后曾任美术员，美术干事，教师，记者，编辑，美术刊物编辑部主任、副主编，广东美术家协会油画会副秘书长、粉画会副会长兼秘书长，广州职工大学绘画系主任，广州美术学院教授。

其作品多次参加全国、全省各种美展，并在海南、广州，以及新加坡举办"艺海六十年——林明琛油画展""神州·中华——林明琛油画展"及"林明深写生油画展""林明琛油画人体展""林明深油画展"联展多次。作品为国内多家美术馆、博物馆，美国、丹麦、新加坡等国家博物馆、美术馆、画廊及个人收藏。在报刊发表作品千余幅、论文数十篇。出版专著《艺用色彩学》《艺海六十年·林明琛油画集》《笔谈林明琛的艺术》（上下册）及画辑《林明琛油画选》《林明琛油画》《林明琛油画作品选》多种。曾入编《中国现代美术家人名大辞典》和《中国当代名人录》《世界名人录》等。

林明琛：海南油画第一人

现在的人总是喜欢提"工匠精神",而被同事描述为"一辈子就安心做好一件事"的林明琛应该就是工匠精神的最佳诠释者之一。他儿时便开始接触绘画,1961年考进广州美术学院油画系,成为海南首位考进中国高等美术学院学习油画的人。毕业后,他致力于油画创作和研究,直到退休后,林明琛一直都在努力做好一件事——好好画油画。

一个人如果对一件事执着并专注到极致,往往会有所回报。林明琛是在中华人民共和国成立后的第一代油画家。如今,称林明琛为新中国成立后的"海南油画第一人"也不为过。作为广州美术学院教授,他曾兼任广东美术家协会油画会副秘书长、粉画会副会长兼秘书长,以及广州美术学院学报执行副主编,现在还是香港艺术创作研究院院长、香港油画研究会荣誉会长、香港艺术发展局审批员。

他的油画作品多次参加国内外重要画展,其中有3幅粉画作品先后入选3届全国粉画展,有4幅油画先后入选全国美展。作品曾获得香港第一个"油画金奖",优秀油画作品入选《中国油画10家》《百年中国油画》等20多部专业画集。他在国内外举办个人画展近20次。

林明琛：海南油画第一人

## 撰写近40万字专著《艺用色彩学》

1941年出生的林明琛，可谓海南油画界的传奇。抗日战争时期，他随着母亲从香港逃难到海南省文昌县（今文昌市）一个边远的乡村。他天资聪颖，在乡下小学读四年级后，来到海口市，考入海口九小五年级插班，后又考上海口一中，幸运地得到留法画家符拔雄的指导。青年时代，他到广州美术学院求学，又得到诸多名师的教诲。

不过，作为一位学者派的画家，林明琛毕业后，并没有从事专门的油画创作，也没有成为一名油画教师，而是先后任美术员、美术干事、教师、记者、编辑、美术刊物编辑部主任和副主编。

直到1985年，他又回到母校广州美术学院任教。可能有些人会认为，林明琛没有一毕业就投入油画的创作中，有些可惜，但如今回头来看，正是丰富的人生经历为他的艺术创作积淀了养料。

我们知道，油画的主要艺术语言是色彩。林明琛在多年油画色彩研究的基础上，对艺术色彩进行深入探讨，其近40万字的专著《艺用色彩学》被行内誉为"艺用色彩小百科"。林明琛在湖南工作多年，他的油画在当地已有一定的影响。但各地更多人认识林明琛，是从他出版专著《艺用色彩学》开始的。这本书深入浅出地介绍了色彩学理论，通过大量的案例和图片，让初学者能够很快地掌握色彩入门的钥匙，从而更好地打开艺术之门。很多色彩爱好者对林明琛可谓久闻其名、其文。

这本专著的面世，与林明琛的见多识广有莫大的关系。丰富的阅历让林明琛有敢于创新的魄力。在广州美术学院任教期间，他在全国美术院校中首先开设了"艺用色彩学"课程。这门课程为林明琛后来完成《艺用色彩学》奠定了基础，而这本书也成为美术专业学生的必读书。

### 中华人民共和国成立后第一代著名油画家之一

作为中华人民共和国成立后的第一代著名油画家中的一员，林明琛的油画作品充满真情、激情、质朴和善美，具有"朴实的瑰丽"和"主客观结合的美的自然流露"风格，而且他还是一个特别有想法、重视创作主题的画家，如他的优秀作品——大型组画《中华民族·丽人行》，通过56个民族的肖像及图腾去演绎源远流长的民族魂，充分体现了他的艺术造诣和民族风格。

林明琛其实相当内秀，不善言辞，不常交际，更不爱与人争辩。他有过硬的"静功"，默默地读书与思考，默默地作画与欣赏，默默地咀嚼人生五味。因此，他把人生与艺术、世界与色彩逐步琢磨透了，审视透了，也体验过了，并且非常难得地保持着一颗赤子之心。

他始终记得儿时学画的初心："我们不妨回到原点，你最初学画时，难道不是出于对艺术真诚的酷爱，而是出于功利，抱着赚钱的目的？"他说，古今中外的艺术家，几乎没有一个是大富翁，如果想赚钱，改行经商，比搞艺术的机会不知要多多少倍。

真诚与质朴始终是林明琛的底色与基调，诚如他本人所言，这是海南这片热土给予他的，是家乡的土地养育了他，所以在他的画里，有一种特别真诚的东西，"你应该去画你真正有感受的东西，你会明白，你画的已不仅仅是什么物象，而是你对这物象的感受"。在他看来，艺海无涯，艺术之路没有捷径可走，只能进行艰苦的探索。至于作品，格调比风格更重要。风格只有区别，作品的格调方见其优劣与高低。

林明琛喜欢对着大自然作画，把自身融入大自然，去感受土地的气息、阳光的温暖、空气的流动。多年来，他行走于全国各地，南国风光、北国冰川、河港舟渡、现代城市，都在他笔下变化，凝结升华，成为永恒的风景。华北农家、白桦林、小河边的树、夜幕下的高雄港、周庄……他的作品中，处处可见他行走的足迹。

### 一直以来只专注"画油画"这件事

林明琛从1955年开始接触学画，如今已经60多个年头。用朋友的话来说，就是"他一辈子只做了一件事"；用同事、广州美术学院原院长黎明的话来说，"林明琛老师从未忘却自己的初衷，从未放弃自己对艺术的追求，他利用一切可以利用的业余时间，笔耕不辍，坚守在自己专业的园地上"。

黎明还说："特别是退休之后，他如鱼得水，尽情释放自己的创作潜能和创作激情。"从广州美术学院退休后，林明琛移居香港，迎来艺术生命的第二个春天，捧出了一件又一件佳作，举办了一次又一次个展，在社会上产生了广泛的影响，甚至由此产生一个名词——"林明琛现象"。

林明琛曾说画有"三味"：趣味（情趣）、画味（技巧）和韵味（神韵）。他讲究造型的理想化，主张形与色的完美结合。他时时抓住人、物、景的特点，因而造型准、色彩活，变而有序。他说过，要当画家，不当画匠。他认为，做人未做过的才有味，做别人做不到的才是真本事。

很明显，他做到了。他的著名油画《中华民族·丽人行》（56幅）和《九龙之夜》《和谐香港》《夜幕下的高雄港》《踏歌行》《新路》《林里的阳光》《寂》《静静的小河》《早春》《元朗风景》《黄崖关口》等，都极具鲜明的个人特色。他主张"不要画得像，要画得美"，所以他的每一幅画都极具意境，视觉效果很好。难怪有评论家表示，欣赏林明琛的画作，就等于研读一部人生色彩学。

（陈一熠）

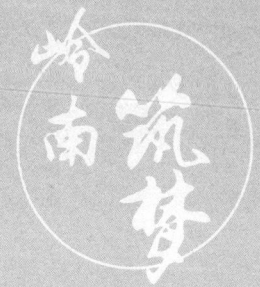

# 邓子敬：
# "海痴"的碧海深情

　　邓子敬，1943年出生，海南海口人，广州美术学院1978届硕士研究生班毕业，中国美术家协会会员，中国版画家协会会员，国家一级美术师，享受国务院特殊津贴专家。代表作品有《阳光下》《胶林晨曲》《幽谷饮鹿》《椰村湖畔》等，作品多次入选全国性、国际性美术艺术展览，并多次获奖，被国务院、澳门特区政府、中国美术馆、中央电视台、画院、博物馆和收藏家等收藏。多次赴国外及港澳台地区进行学术交流，举办个展及联展。已出版多部个人作品集，并编入各类名人辞典。

## 邓子敬："海痴"的碧海深情

邓子敬原本一直从事版画创作并且取得了丰硕成果，却在年近不惑时改学国画，专攻海洋题材。在中国山水画传统领域里，画黄山、黄河、长江、长城等都是大家所熟识的，而现代山水画中用墨写海则前无古法可循，邓子敬挑战了画海这一前所未见的领域。

人到中年放弃所长，去挑战一个未知领域，无疑是冒险的，但邓子敬成功了。他把西方绘画技法融入国画中，借鉴了版画线条遒劲有力的艺术特点，终于探索出独特的画海之法，在画坛独树一帜。

### 从版画走向国画，选择熟悉的大海

邓子敬1943年出生于海南省海口市。和那个时代的许多艺术家一样，从艺之初，邓子敬选择的是版画。因为学习版画，他18岁时就来到海南省保亭黎族自治县，一待就是漫长的14年。在此期间，他以黎族生活为题材创作了大量的版画作品，作品还曾入选全国美展。

1978年，邓子敬考入广州美术学院版画系，成为第一批研究生。1981年，毕业后被分配到广东画院工作。毕业那年，他的一组6幅水印木刻《黎族风情》在国外展出时备受欢迎，作品被抢购一空，如今更是成为介绍黎族文化的公共符号。从20世纪80年代中期到90年代初期，邓子敬曾创作过多组国画重彩作品。其中，1984年创作的《幽谷饮鹿》于1993年被选送至日本举办的中国版画展，后来又被中国展览公司收藏。

有人评论其重彩作品和旅美画家丁绍光的作品很相似。然而，邓子敬告诉记者，此前他从未看过丁绍光的作品，完全是自己的原创。在议论纷纷中，邓子敬开始认识到，一个成功的画家必须形成自己的艺术风格和艺术语言。于是，他放弃了重彩版画，选择家乡的海作为突破口。

就在邓子敬寻觅绘画新途径时，他的工作单位广东画院正好是岭南画派名家关山月任院长。在关山月的影响下，邓子敬开始转入山水画的创作，并选择"画海"。这是他下半生艺术道路上的一次主动出击，而这时的邓子敬已经年近不惑了。

对于一个成熟的艺术家来说，不断否定和超越自己的确很需要勇气，更要抵得住诱惑。对于一个已经快40岁的画家来说，变法转型的探索将更为艰辛。更何况，历来版画借鉴国画的很多，国画借鉴版画的却不多，能够成功借鉴版画的山水画更少。于是，邓子敬的"四十变法"，更体现出一种求新求变的艺术价值观。

当然，选择是一种挑战，但让画种相互交融，也许会在冲撞中爆发奇妙的冲击力。幸运的是，邓子敬接受了挑战，也抓住了机遇，凭借版画的扎实功底,刻苦学习传统国画,在实践中创新就是最好的传承,将版画的刀法引入国画用笔,运线润墨透出深得籀意的金石气,他转型拐点的基础夯得扎扎实实。

在广东画院期间,邓子敬深受关山月等艺术大师的指导和点拨,实现自己从版画到国画创作道路的转变。其作品有凝重的版画刀工斧迹,笔墨严谨,兼工(工笔)带写(写意),通过留白表现满纸"飞溅"的浪花,全景式的传统表现形式和手法让画作震撼无比。作品以书入画,运线淋漓酣畅,追求深邃内涵,成就其在国内画坛画海的独特表现手法和独一无二的形式,展现出雅俗共赏的品格。

### "海痴"画海浑然不倦

自从20世纪80年代初选择以海入画,与海"恋爱"开始,邓子敬每年都会盘桓在故乡的海边数日,用心灵在海的世界里感悟生命。为了能运用海的样式直抒胸中的激情,邓子敬追寻唐宋大山水的高韵浩气,又用细节传达牢固的水墨情结。他将自己潜心钻研的画海技法归结成4句话:"斫染渍水,网线成岩,飞白挤浪,点皴聚沙。"这种理性的写意,让他摆脱平庸,逐渐形成严谨细腻、灵润雄健的风格。

其代表作《一览百川向海图》的构思始于2003年。当时,痴迷画海的邓子敬面对深不可测的茫茫大海,感受到历久不变的原始生态,眼前浮现黄河、长江势不可当的滚滚东流水,它们以变化多端的英姿,等待历史来渲染。这组定格的生命符号重重地敲打着他的心扉,"给河山立传"这个想法也在他心里开始萌芽。

然而,邓子敬创作《一览百川向海图》曾遭遇过瓶颈期,在10多年里四易画稿。在这幅长卷的最后冲刺阶段,被痛风病魔长期困扰的老人,在巨幅宣纸的画架前力不从心,他不能久站,不能稍远距离地行走,有过因低血糖而突发的晕厥,还数次从台阶上不慎摔伤。这时,海召唤着他,潮水般的爆发力支撑着他。他每天坚持画一笔再画一笔,永不休止。就这样,那些伤痛在潮水的冲刷下消逝。这是发生在不久前的故事。我们明白,为了安顿心灵,邓子敬需要这片海。

另一幅巨制《雄关镇海图》中,山势、水势、云势在开合起伏中浑然一体。前景黑重的层峦叠嶂的山脊上,一道长城逶迤连绵,隐喻着坚强与守望、不屈与豪情。而在水云深处,大海如从天而来,深情、舒畅,与雄伟的长城刚柔并济,散发出超越时空的历史感。这是邓子敬耗时10年构思创作的长卷,集中体现了他的艺术观和价值观。"这幅作品没有树木,没有船只,只有大海和长城,简单的元素使得整幅作品充盈着苍劲阳刚的力量。"邓子敬说,画中的那片海就是以海南的海为蓝本的,这是他对祖国和家乡的一次深情礼赞。

邓子敬的作品几乎都是在其长久构思之后才开始呕心沥血创作而成的。因此,在邓子敬的笔下,大海除了给人以视觉上的冲击外,更有着如音乐般的律动。《碧海激浪飞银花》如交响乐般雄浑有力,展现出大海的不羁。《潮起潮落总巍然》则是奏鸣曲，起伏之间积蓄力量，等待爆发。而《金沙海滩飘鱼香》就像抒情的小夜曲，展现出大海温柔宽厚的一面。海水的颜色由浅入深、变化多端，呈现出多种风情。他笔下的岩石线条雄浑、连绵成片，黝黑的色泽、颗粒感极强的肌理与白色的浪花交相呼应，仿佛能听见岩石发出的巨大轰鸣和金属般音色的声音，视觉、听觉张力十足，海的形象、情状跃然纸上。

**作品在岭南画坛独具一格**

国画百年变革的当下，正经历艰难、曲折、渐进的过程。直面当代性的追问，每个人的内心都有一把裁量和评判的标尺。邓子敬画海是极具个性的诠释。他用自己的笔墨丈量当下，把西方的抽象性与中国的写意融会贯通，用当代水墨语言符号指代和营构现代人的生存感受和人格结构。他的意象就是将肉眼不可见的精神用笔墨具象化。

《南疆岛石图》是由12幅画组成的连续长卷，纵180厘米，横1512厘米。画面一开始以凝重深黑的山石压铸，可以看到各种劈皴点麻，网线织岩，似斧劈刀篆，雄浑有力，极富质感。顶光的设置让长卷的前半部分犹如置于黎明的月光微明之中，山石上郁郁葱葱的树木绵延，似在微明的月光中舞动，山石巍峨延伸，看不见山顶，山岩间只有些薄薄的雾色，让坚实的山岩多了一些灵动。山岩在长卷中有5幅之多，几乎与海洋面积对半开，这也说明了其在画家心中的比重。

与厚重山石呼应的是晴朗明亮的海滩，海天间慢慢变得亮丽多彩，灯塔间远近呼应，似在跟人们打招呼。金色海滩间停泊着即将出海的渔船，礁石间翻起朵朵浪花，画法以留白挤浪，色墨交替，层层叠染，这与古人线描画浪有着式样的区别，与一般以白粉点浪的画法又有质的区别。浪花欢送着海鸥向天边翱翔，海鸥一直延伸到远方的海天一线间，海天间夹着远洋探海平台，向远洋探索宝藏，安静而平稳。远处的海岛上雾气缭绕，椰林隐现，渔船聚集，探海平台前游弋的军舰与游轮、渔帆相伴，恬静美丽。

海天上出现的战斗机，藏在礁石背后的潜艇、母舰，忽而汹涌的海浪，似乎暗示着平静中的杀机。前景金黄沙滩上礁石点点，椰树婆娑，渔帆已经扬起，冲向层层海浪，走向远处的海洋，似在探寻海洋丰富的宝藏。再到最后一幅，一轮红日升起，寓意海洋美好的未来。对海洋的描绘似乎信手拈来，又安排得如此巧妙。从作品中既看到画家的忧虑，又看到他对美好未来的希望。整幅长卷有强烈的对比、整齐的排比、优美的旋律，前后呼应，表达了美好的寓意和爱，最后的大红印上"海阔疆固"4个字就是这幅长卷最好的注脚。只用简练的12幅画，邓子敬就把画家对南海海洋的思考完整地表达出来了。

刘大为曾评论说，邓子敬画海的学术探讨注重诠释岭南画派的当代性。岭南画家处于改革开放前沿的独特区位，就如何反映时代变迁和社会环境变化的影响这一问题，邓子敬创作了《春潮》《磐石颂》《钟鸣海色动》等海的系列作品,该系列作品笔墨酣畅,贴近生活,礼赞改革大潮,坚守传统,又不断超越。同时,他的海在区域性特征上与其他区域的画家区分开来,也在岭南画坛独具一格。

  回顾往昔,如今76岁的邓子敬夙愿已偿。有人称他为"海痴",这是对他最大的肯定,他也乐意接受。

(沈汉炎)

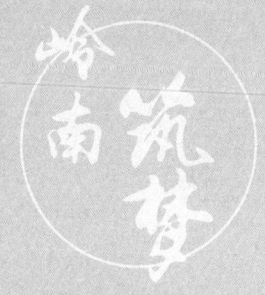

# 张祖泰:
# 水彩画名家

　　张祖泰,1944年出生,海南琼山(现划归海口)人。现为广东美术家协会会员、广东省水彩画研究会会员、广州美术学院老艺术家研究室研究员、广州美术学院教育系副教授。1960年考入广州美术学院附中。1969年毕业于广州美术学院,并留校任教。1992年,在台湾举办作品个展,并出版画册《张祖泰画选》。2010年,水彩画《憩》入选广东省第五届水彩粉画展,并为多种杂志、报纸刊登、收藏。2012年,其作品收入天津人民美术出版社出版的《收藏宝典·名家名作精粹版》。2015年,其作品收入天津人民美术出版社出版的《影响中国美术发展之水彩篇》。

张祖泰：水彩画名家

广州美术学院的老艺术家张祖泰，如今已过古稀之年，其一生就如同一幅水彩长卷，朴实却精彩。近年来，天津人民美术出版社出版了《收藏宝典·名家名作精粹版》，其中有张祖泰专册，而《影响中国美术发展之水彩篇》等书也对他进行了介绍，因此，张祖泰的水彩画艺术成就更加引人注目了。

张祖泰老师从事水彩教学长达30年，桃李满天下。其间，他除了一丝不苟地从事教育工作以外，还专注于水彩静物和水彩人体的创作，多年的积累使他的作品形成了独树一帜的风格。

### 水彩技法出神入化

张祖泰出生于海南省琼山县（今琼山区）。1960年考进广州美术学院附中，1969年从广州美术学院毕业后留校任教。大约从1980年起，他集中精力专攻水彩，并主攻人体，成为影响当代中国水彩画艺术发展的代表性画家之一。

张祖泰强调水彩画首先属"水"，要有水彩画的特性。他善于在实践中总结经验，在创作《康定情》组画时，冒着雨雪严寒在山林中写生。毛毛细雨洒在画纸上，呈现出特殊的效果，由此激发了他的创作灵感。此后，他便有意识地多次试验，在作品中使用湿画法。他用水的技巧出神入化，能收能放，放时水分淋漓，收时又恰到好处。欣赏张祖泰的水彩画，令人觉得他的技法多变，厚重处坚如磐石，轻盈处如流水行云，集各种水彩技法之大成而又不拘一格。

任何一种绘画语言都有其无可替代的魅力。只有掌握了这种独特的绘画语言，才有可能通过这种绘画语言来表现作品。

张祖泰的《陶罐和柿子》精细地刻画了陶罐的厚重与沧桑，柿子则呈现出结实的形体和水分，非常鲜活，形成了"又对比，又协调"的统一。而他的《花魂》，画面中干与湿、松与紧对比强烈，用变化多端的笔触和水彩技巧营造出梦幻般的效果，准确地抓住了玫瑰花的灵魂。这两幅作品表现的主题不一样，表现的手法也截然不同。

他的《黑衣女》《幸福时光》《藏族女子》等人物画作品不仅精确地塑造了人物造型，更传达了人物的个性，展现了时代精神。他的水彩力作《亲情》描绘了骆驼妈妈在风雪交加的夜晚拥吻小骆驼，鼓励它挺过严寒迎接黎明的感人情景，从一个特殊的角度揭示了母爱这个伟大的主题。这幅作品以新颖的视角和高超的技法吸引了观赏者，获得了广泛的好评。

水彩人体画是水彩画中难度最大的，需要高超的造型能力和水彩技巧。张祖泰的水彩人体作品《憩》是其众多精品中的一幅。欣赏这幅作品，你会被其恬静纯粹的美打动，师法自然而又超越现实的美在此画中表现得淋漓尽致。整个画面明快轻盈，又完美地展现了女性的体态特征，环境和人物既有对比，又水乳交融，精细处从肌肤质感到骨骼结构都恰到好处，背景和衬布的处理则用笔收放适度、挥洒自如，水彩画属"水"的特点尽显无遗。

在"85思潮"影响下，水彩人体以一种先锋的姿态，在这个多元艺术思潮的时代再次闪亮登场，给艺术带来新鲜的元素。当时美术学院已具备人体模特的条件，而同一个模特，每次摆姿势的感觉都有不同。张祖泰认为，模特只是素材，要出作品，还要经过艰苦的再创作过程；要使作品经得起自己和行家们挑毛病，画得深入又不"磨"，就必须经过周密的艺术思考和处理。张祖泰在水彩人体这个难关前攻关多年，执着地追求"既有水彩的轻快，又有油画的厚重"的艺术效果，终于形成自己水彩人体画的艺术风格。

### 艺术道路坚定不移

张祖泰的格言是"厚积薄发，锲而不舍，用作品说话"。他认为，离开作品，一切夸夸其谈都是无用的，只有脚踏实地，拿出好作品来，才是一个艺术家的本分。张祖泰老师淡泊名利，从不宣扬自我；他坚守个性，默默耕耘，从不随波逐流，不受社会上形形色色急功近利潮流的影响。

张祖泰：水彩画名家

　　张祖泰的卓越成就来源于他善于学习。他求学的时候正是20世纪60年代讲究严谨造型和写生色彩画风的时期。1978年，广州美术学院组织老师到北京参观法国19世纪油画展，后来又有机会前往苏联参观大师们的油画巨作。他如饥似渴地在大师的作品前反复观摩，汲取营养。同时，我国一批优秀画家从水彩画蓬勃发展的苏联留学归来，成为广州美术学院的教学骨干，言传身教，打造了极好的教学氛围。当时广州美术学院的学生虽然生活艰苦，却具有心无旁骛、刻苦磨炼基本功的良好风气。"我从考入附中开始，就立志要在这个行业有所作为。我深知无论何人，无论从事何种行业，要想在所从事的行业中取得一定的成就，就必须要有坚韧的毅力和永不放弃的决心和勇气，善于耕耘，取长补短，充分利用自己的优势，发挥自己的长处，在追求自己的艺术境界和格调的基础上，借鉴别人的长处充实自己。这是我的水彩静物以及水彩人体作品与众不同的原因。"张祖泰说。当然，更重要的还是他长期教学经验的积累。张祖泰在30多年的教学实践中，不但教授水彩，还教授素描、色彩、速写等课程，这些教学实践使他学识丰富，技法扎实。此外，张祖泰还是一个涉猎广泛的艺术家，除了油画、水彩之外，他还长期研究书法和国画艺术，这使他具有广阔的艺术视野，并养成了典雅含蓄、讲求意境的艺术气质。

　　60年前，水彩画在广州美术学院不过是一个小画种，令人欣喜的是，今天它不但成为重点学科，而且已经成为中国美术界的一道风景线。在广州美术学院建校 60 周年出版的《厚积薄发·广州美术学院水彩画 60 年》大型纪念刊物中,张祖泰的作品被收录其中,这是对他辛勤耕耘做出的充分肯定。可是张祖泰并没有因此止步,他一如既往地秉承"锲而不舍"的精神,不断地创作新的作品,显示出一个用毕生精力投身艺术的艺术家风范。可以预期,张祖泰在我国水彩画的艺术领域,一定能够取得更大的成就。

(沈汉炎)

## 陈新华：
## 幸哉！我为吾画！

陈新华，1950年出生，海南万宁人，中国美术家协会会员，擅长中国画。1972年就读于广州美术学院国画系，1979年考入广州美术学院国画系山水画研究班，毕业后留校任教。作品《雨林奇》入选第七届全国美展，《密林》入选中国当代工笔山水画展，《山家》获全国首届中国花鸟画展佳作奖，《乡土》获第八届全国美展优秀奖。

陈新华：幸哉！我为吾画！

"幸哉！我为吾画！"这句话来自陈新华的《我为吾画》，充分展示了这位老艺术家对自我艺术状态和艺术认识的满足，充满了幸福感。

这句话虽然简单，却体现了陈新华极高的艺术境界和豁达的生活态度。真正达到这样一种状态的，古今又有几人呢？

### 对画画的爱好与生俱来

陈新华生于海南万宁的一个农民家庭，自幼便迷恋上画画，用他自己的话说，画画的爱好是与生俱来的。根据陈新华在《我为吾画》中的自述，从三四岁有记忆开始，他就爱到处涂画，读小学时描摹线描小人书，初中时买了吕凤子的《中国画法研究》、钱松喦的《砚边点滴》两本小册子，从书报上剪下一些国画作品，开始将图画纸染湿，效仿宣纸画所谓的国画。这些原始简单的画公仔的行为，却常使他陷入当今孩子染上网瘾般的迷狂状态。"吕凤子说的'用笔贵用中锋'到后来一直影响着我画中国画呢。"陈新华笑着说。

回忆儿时对画画的痴状，陈新华印象最深的是小学三年级上算术课时，老师在上课，他却入神地在课本边角处涂鸦。老师发现后，悄然走到他背后，全班同学都屏住呼吸，凝神盯着他，但他浑然不觉，结果一棍子打下来，"哎呀"一声，铅笔折断了，他的手也受伤了，还留下了铅笔的伤印。

"这与生俱来的爱好，在我的生命里如影随形。感谢天赋，这是命运的恩宠，因此我拥有了一个小小的精神花园。"陈新华说。当俗尘的浊烟使他透不过气时，他便到"园子"里栽花种草，辛勤劳作，清闲时徜徉其中，看花开花落，怡然间不知不觉竟忘记了世间的是是非非。"这园子是自家的，如何打理，自得其乐，无须多虑他人说法，在这里我只管耕耘，不问收获，不费心机，顺心随性一任天然。家花野草次第长，彩蝶虫蛾散漫飞，因此老而不累，乐在其中。"

陈新华坦言，不是不喜欢玩，只是不想像别人一样打麻将，因为人的精力有限。如果让他在两者之间做出选择，他肯定要画画，因为戒不掉，也放不下。"人的选择未必出于伟大的理想，可能就是小事。比如我就因为晕车，所以没法到处跑着玩。"陈新华笑着说。正是因为晕车，他不能像旅行家一样用双脚丈量世界，家乡海南岛就成了他创作灵感的来源。他画海南的波罗蜜，波罗蜜上有个裂口，仿佛隔着纸都能闻到果香，"小时候没东西吃，我们就吃波罗蜜，所以对波罗蜜有很深的感情"。

陈新华还讲起了儿时语文课本上小猫钓鱼的故事。"都批评小猫一会儿赶蝴蝶，一会儿抓蜻蜓，结果一无所获。但反过来一想，小猫玩得开心，便收获了快乐，快乐就好。画道亦然，不抱沉重的功利目的，任心随性凭感觉牵引，如无心白云随风飘去，心想画画就画画，心想怎么画就怎么画。东，也在我；西，也在我。不搭套项推磨，为乐而画，为心而画。岂不也很有趣？"

"幸哉！我为吾画！"陈新华感慨地说。

### 东西文化交融与碰撞下的国画探索

作为"85思潮"中开始探索中国画的一代人，东西方艺术的交融与碰撞对陈新华的作品产生了明显的影响。在早期的作品中，陈新华汲取了中国传统的民间趣味，如重彩、没骨画法，以及民间及少数民族绘画等视觉因素，如剪纸、陶塑、彩版画等视觉因素，并结合印象派、野兽派和维也纳分离派等西方现代主义艺术进行组合和尝试。这种思考探索记录于20世纪80年代他在香港出版的一本画册里，那些画面大多是浓烈的色彩，并融合了多种元素。

陈新华认为，我们应该更加全面地从大传统的角度去继承、复兴中国画，把中国画作为一个区别于西方绘画的体系而不是某个纯粹的画种来看待。因此，尽管他的画学渊源来自岭南一脉的山水画，但他并没有直接在画面形式和笔墨技巧上沿用师辈们的经验，而是秉承了岭南画派先贤改造中国画、创造全新视觉样式的世界主义精神。陈新华这一阶段的作品带有明显的实验性和多方位的尝试痕迹，并竭力从传统国画的框架中跳脱出来。

到了20世纪90年代，学院的教学生涯使陈新华在画学层面上对之前的作品进一步深化。物象造型的严谨把握与塑造技巧之间的磨合、画面中各种元素的组合关系是陈新华这一阶段的兴趣所在。

他深入挖掘自然对象丰富的细节和形式感，并在多次实验与实践中找到了与传统笔法和现代形式接轨的方法。自觉地与固有的中国画拉开距离，但又保留材质和技巧运用精华，陈新华在形成自身独特风格的道路上找到了独立自存的定位。而重彩与水墨并行不悖的探索也为下一个阶段的自由表达打下了基础。

2000年以后，当艺术理念和形式表达都进入相对成熟的时期后，陈新华转而开始了一系列大型作品的创作，在宏大的视野框架中，用超乎寻常的视角开启，还原出一种上帝视角般的原始印象。从各国各种美术形象中所借鉴的因素，此刻已经完全融入个人风格之中。陈新华在一个全新的世界里自由地探讨笔墨的流畅性、节奏感和力量感，并以一颗童心和无与伦比的想象力一次次地冲击着艺术创作和表达的边缘。

"我画画基本上是为了满足自己的内心，所以我偏好画那些有常理无常形的东西，它没有一个固定的形状，有利于抽象思维的发挥，别人可能不太懂我画的是什么。"陈新华总结说。

### 孤独并不妨碍他对世界的认识

说起故土海南,陈新华表示,儿时的生活对他的创作产生了很大影响,他画的景物、画的色彩和风格都有故乡的影子。"海南是一个热带色彩浓烈的地方,这跟传统国画的趣味很不相符,不像中原、江浙地区。海南是一个植物茂密生长的地方,因此视野不会很广阔,往往一个十几平方米的地方就容纳了十几种植物。这在中国的西北地区是难以想象的,那里可能十几公里才见一种树。"陈新华说。海南独特的地貌特征促使他总想探索一种手法,把这么复杂丰富的情景里的东西表现出来。

此类作品中,《乡土》便是代表作之一。这幅曾入选"第八届全国美术作品展览优秀作品展"且获奖(不设金、银、铜奖)的画作,创作于20世纪80年代。与传统中国画很不一样,它是用千笔万笔画出来的。"情感的表达是我创作中的首要因素,为了表现某种审美情感,我可以打破任何传统程式。"陈新华说,他每年都会回到海南老家过年,海南人过年"无鸡不成宴",自家也养了许多鸡。这些都给了他创作灵感。

有意思的是,陈新华是一位很纯粹的艺术家,为艺术而生,为艺术而活,活着就是为了画画。他没有手机,只有几个人的联系方式,极少接待来访者,所有时间都在创作。他也从不卖画,因为每一幅都是自己投入生命创作的。如果不是广州美术学院的李伟铭教授写了一篇关于他的评论——《陈新华：至今他在岭南画坛还是一位孤独者》，或许他还不为外界所知。

据其身边人讲述，陈新华过年回到海南老家，能够两个月足不出户，一心一意在画室里创作，甚至中午吃饭前还要在门口的大树旁画速写。除了同为画家的弟弟，一般人很难理解他对艺术的痴迷程度。"那得看你如何理解孤独。"在陈新华看来，画家如果专注于艺术，注定要走一条孤独的路，可即便孤独，他也会坚定不移地走下去，谁让他那么喜欢画画呢？

陈新华画画的初心就是为乐而画，为心而画，追求逍遥自在。因此，他不卖画。除了20世纪80年代办过一次展览外，就再也没有办过。"画画的目的主要为满足自我内心的审美需求，展览是社会需求，两者兼而得之最佳；若不可兼顾，则画好作品比办展览更重要。"陈新华解释说。

然而，几年前，他突然整理了几张巨幅作品，参加了广州美术学院美术馆举办的"后岭南文献作品展"。展览结束后，他表示日后有机会会回家乡办展，以回馈家乡的父老乡亲。"家乡的建设已今非昔比，越来越美丽，愿家乡的精神文化能与物质建设同步发展。"陈新华说。

世界那么大，尽管陈新华因为晕车没办法去看看，但这并没有给他带来多少困扰，因为他享受这种充实的"孤独"，而这种"孤独"并不与闭塞画等号。他一直保持着对世界的好奇心，如关注纽约、巴黎等地最新的艺术动态；读万卷书，与古人对话，做一个思考者。他认为，一个画家一定要了解艺术史，才能避开古人；一定要做一个思想者，才能避开自己。"当我离周围越远，我就离目标越近。"陈新华说，康德终生没有离开过哥尼斯堡，但同样不妨碍其成为影响世界的思想家和哲学家。他虽然不能与康德相比，但也不会因为活动范围受限而影响他对世界的认识。

（沈汉炎）

# 陈 海：
# 一张油画布带来无限可能

陈海，1953年出生，海南文昌人，现为中国美术家协会会员、广州美术学院油画系教授。

1977年考入广州美术学院油画系，1984年任职于佛山画院，1986年任教于广州美术学院。

1987年，参展"阿尔及尔世界文化艺术荟萃"，参加"首届中国油画展"；1991年，举办个展"陈海油画展"；1997年，应法国巴黎艺术城主席布鲁诺夫人邀请到巴黎进行为期7个月的艺术访问与交流，并有个展"陈海作品展"在巴黎举办；2005年，参加"第二届当代中国山水画·油画风景展"；2007年，参加"第三空间：抽象艺术的中国文本"画展；2008年，参加"拓展与融合——中国现代油画研究展"；2009年，参加"长城与篱笆那方"现代艺术展；2010年，参加"日本富山国际现代美术展"；2011年，在广州举行"陈海手稿展"；2012年，参加"中国景观——当代油画邀请展"；2014年，参加"日本富士国际现代美术展"；2018年，在深圳举办"抽象与真实"个展。

出版个人专著9本，发表学术论文7篇。中国美术学院教授范景中如此评价陈海：创造淡远，创造华丽，创造出水光云彩，摇荡碧虚，抚玩无极，追求已远的境界。这也是陈海教授数十年以清朗之笔在画布上孜孜以求的。

陈海：一张油画布带来无限可能

有些人，天生便长着一张艺术家的脸，陈海便是典型的一位。他往那儿一站，交叉着双手，微微一笑，艺术家的范儿便出来了，用曾与陈海5年为邻的李行远的话来形容即是，"他个子高高大大，他本应该去扮演美国西部片中那些骑着高头大马、手提猎枪的牛仔"。

高大俊朗的外形之下，是温和的脾气，以及有个性的性格——海岛的成长经历、和煦的海风练就了这位画家的平和；南国强烈的阳光，却又增添了这位画家的个性。30多年来，他一直遵循着自己的内心，"做自己想做的事，画自己想画的东西"，不少评论家用"真实"来形容陈海的为人和画作。

正是这种真实、通透，让陈海的油画始终给人一种个性突出却又莫名亲近的感觉。他本人也因有个性又平和而深受朋友和学生的喜欢。

### 从海南到云南再到广州

在百度中输入关键词"陈海"和"油画"，或是"陈海"和"广州美术学院"，便能出来一串关于陈海的信息，其中不乏对陈海作品的赏析。陈海的作品涉猎范围很广，有风景小画，有裸体人像，也有极为抽象且富含诗意的作品。其中，风景小画，陈海从年少时便开始画。

如今陈海已经很少跟人说起他年少时的生活，但作为一个年少时就吃过苦，为家庭分担重担的人，他的生活阅历颇为丰富。引领他进入绘画领域的是他的叔叔。陈海尚幼时，他在云南艺术学院任教的叔叔回乡，偶给陈海画了一幅画，让年少的陈海颇为惊叹。

叔叔自此成了陈海的偶像。高中毕业后，陈海追随叔叔去了云南。在云南的3年里，陈海蹬着叔叔的自行车，在昆明城里城外到处写生。这种习惯一直保持下来。之后，陈海回到海南，在椰雕工艺厂工作了3年。其间，他总会利用周末或下班空闲时间，跟朋友骑着单车到海口长堤、钟楼、海关大楼、海甸岛及海口周边地区写生。

到处走，到处画，让陈海有了极好的基础，所以恢复高考时，陈海抱着试一试的态度和朋友跑去报名，结果以海南省第一名的成绩被广州美术学院录取。当时，广州美术学院油画系在中南五省只招15名学生，陈海和他的同学们可谓"拼了命学"。作为恢复高考后第一批学习油画的大学生，陈海和他的同学们深受西方油画的影响，风景小画也画，但到了20世纪80年代，陈海开始画裸体人像。

提起女人体油画，不少人的第一印象应该是女性裸体的写真油画，而陈海的女人体油画却风格鲜明。在用油画创作的女人体中，陈海一直都保持了某种速写味，而以表现性为呈现特征。他有意识地在覆盖颜色时留下起稿用的炭笔线条，同时在运用色层上进行了尝试。但无论怎样画人体画,陈海都不会离开风景,他将人体画置于风景之中,自成一格,屡被画评人称赞。

**从极具风格的人像画到抽象画**

"风景"是谈及陈海画作时屡被提及的一个关键词。用画评人的话来说就是,"不论陈海的风格经历了多少次变化,在探索过程中有多少次转弯的节点,他的创作始终围绕风景展开。他的风景从来都不是纯粹的风景本身,而是对人与自然关系的个性化视觉表达"。

画家在形成自己的风格之后,一般不会轻易改变,陈海一直没有忘记自己的初心。

陈海记得自己刚考上大学的时候,"图书馆的资料非常有限,对我们来讲都是宝贝。图书馆早上7点半开门,我们常常拿着馒头,6点多就在楼梯那里站着等开门。那时候或多或少有些理想主义,常常想着如何为美术事业做点贡献"。

显然,作为恢复高考后的幸运儿,陈海这一辈人有一种时代的使命感。这种使命感促使他们一直在追求更好的自我,以及更好的艺术。

一直在学习的陈海,此后深受德国艺术家基弗尔、西班牙艺术家塔皮埃斯的影响,表达方式也经历了从苏派写实风格、印象主义、表现主义、超现实主义到抽象表现风格的转变,而现在,陈海的作品也以抽象为多,但在他的抽象画中,你又能明确地看到风景。

对于现在偏爱抽象画，陈海坦言："如果一个确定了的形象摆在那儿，一目了然，很没意思，但若捉摸不定，岂不给观者更多的想象空间？"

可以说，随着阅历的增长、技术的娴熟，现在的陈海"玩得自由、自如、自在"。他在创作中极尽可能，甚至加入咖啡渣、布条、铁丝、黏土等非艺术材料进行试验，制造出独特的肌理效果，形成了极富个人特色的绘画风格。用画评家的话来说就是，"陈海以精湛技艺和人生智慧，将自身对人与自然和谐关系的思考外化为诗性的表达，为中国油画的当代探索提供了非常有价值的实践"。

## 是大师陈海，也是随和的"海爷"

陈海说自己的身份"有些特殊"，当初的目标"首先是当一名合格的老师，然后才是争取做一个优秀的艺术家。这需要双份的努力，然而这也是人生的乐趣所在"。陈海实现了当初的目标，他既是一位成功的画家，又是一位成功的老师。

从陈海的言谈中可以看出，他非常喜欢教师这个职业，想把为人师这件事努力做好。"我一直认为距离感是一件很糟糕的事情，说明你跟学生的沟通不通畅，不利于教学上的交流。选择教师这一职业是30年前的一个决定。这个职业的好处是能使人不断地鞭策自己，及时积极主动地更新知识、体会，掌握更多的技能，不被时代抛弃。而尽可能地了解年轻学生们的想法并有效沟通,方能做一个合格的教师。虽说我已不再年轻,但是传授或与学生们分享、共同探究艺术的无限可能,激活学生们的独立思维能力与创造力是我一直在努力做的事。"

正是本着这种理念,陈海成了最受学生欢迎的老师之一。他十分乐意带学生去做一些新的尝试,如此前他在深圳办展览,和学生进行了头脑风暴,对画框进行了独特处理,买了钉枪、切割机、锯子,带着学生一起亲自制作画框,让学生看到他的专注,也让学生真正参与到他的展览中。

浏览陈海的朋友圈,也会看到他和学生的许多合照。照片中的陈海喜欢交叉双手,脸上带着些许微笑。有些照片是学生和他的自拍,有些照片则是他随手拍的正在创作或正在吃外卖的学生。

正是因为这种"老顽童"的个性,陈海和学生们打成一片,因而总能听到学生们"没大没小"地叫他"海爷"。

(陈一熠)

# 何坚宁：
# 在抽象油画中聚集灵魂

何坚宁，1960年出生，海南琼海人，1982年毕业于广州美术学院油画系，这期间创作了近千幅油画作品，主要反映故乡海南的风土人情。1991年调入广州画院任专职画家，先后创作了大自然系列、黄色系列、广州建设工业系列，以及渔港、波罗蜜、香蕉等题材的油画作品。现为广州画院画家、中国美术家协会会员、国家一级美术师。先后创作了3000多件作品。其作品色彩强烈，富有绘画张力和个人艺术风格。作品多次入选国家级展览并获奖。2014年，时值中法建交50周年，其作品《欢歌起舞》被法国总统府收藏。

何坚宁：在抽象油画中聚集灵魂

有些人会告诉何坚宁，他画中的色彩让他们有哭的冲动，灵魂受到激荡，有了共鸣……有一次，有位老师看了他的《橡胶树》后，十分震撼，被画中那种充分张扬生命力的色彩深深打动。

对此，何坚宁表示，当自己的作品所表达的生命感微妙到与看画人的某根神经线的感受合拍时，就会强烈牵动看画人的情绪。他认为，要在这种抽象和单薄的形式里集中足够强烈的灵魂，才能打动人。

何坚宁对此种艺术的理解、创作的态度，以及画技从最初的写实逐渐走向抽象，却与一次重病有关。这场重病让经过生死考验的他对生命有了新的认识，从而更为洒脱地顺应内心想法去创作、去生活。

### 从野路子到科班生，梦想是动力

1960年，何坚宁出生于一个与绘画毫无关联的家庭，他所就读的学校也无美术这一课程。至今，他也说不清楚自己为何会拿起画笔，而且笔耕不辍，无法释手。说起自学油画的道路，何坚宁感慨不已，印象最深刻的是在黎母山林场当知青的那段日子。那时候，他每天天还没亮就出工，天黑才回来，一天要承担十几个小时的高强度劳动。

## 何坚宁：在抽象油画中聚集灵魂

每天下工回来，他腰酸背痛，疲惫不堪，真想倒头就睡。但他没有，在迷惘的时代，在麻木的生活中，青春的热血不甘地想在那个世界撕开一个出口。而唯一能消解迷惑、寄寓他希望的只有画画。于是每天下工回来，别人都睡觉了，他还埋头在深夜昏暗灯烛之下，毫不在乎被大山深林中恶毒的蚊虫叮咬，忘我地一笔一笔将梦想描绘下来。

也许你会问，在那个物资匮乏的时代，何坚宁哪来的画布，哪来的颜料。是的，他没有画布，也没有颜料，但因为对颜色的执着，他一直在创造条件画画，甚至通过想象，为自己的画填充颜色。

一些当年的知情回忆说，他们当时眼中的何坚宁就是个"怪胎"，除了出工，就是在宿舍里"鬼画符"，不知道他是怎么想的。有时候他们也好奇，在经过他窗边时会特意去看看，只见他沉浸在自己的世界里，轻轻地将画布铺平，再小心地把颜料涂上，脸上的表情或肃穆，或欣喜，如同在听着一个跌宕起伏、千回百转的故事。他旁边有时候还摆着一些画好的画，以及一些画布和颜料。当时他们也奇怪，为什么何坚宁的画都是白色的，后来才知道，原来他画画的颜料就是一些最便宜的牙膏，画布也不过是一张张破洞靶纸。

"尽管如此，用纯手工去完成画作对我而言仍然是一件神圣的事，从未觉得自己是在受苦，或是勉强。"相反，何坚宁认为绘画的时候是他一天中最为放松的时刻，"那是我在跟自己做游戏呢"。

后来，何坚宁便经常画完一批画就拿给画院的关则驹老师点评。

因为完全是自学的野路子，何坚宁用色比较坚硬，经常把人脸画得红红的。关老师看后笑着说："画得不错！现在的人生活都不错，每个人都有酒喝。"一开始何坚宁没反应过来，回去反思后，才明白关老师其实是说没喝酒的人，脸色不应该这样红。"艺术真的讲求悟性。关老师不明说，就让我自己慢慢去理解。"何坚宁说，关老师是一个非常和蔼的人，批评得比较婉转，让他受益匪浅。

到了20世纪70年代后期，何坚宁终于考进了广州美术学院，走上了系统的艺术学习之路。但由于有此前的野路子，再与所学知识相结合，因此，何坚宁的油画总有一种野性和个性，有着独特的创作和表现方式。有一次，他们全班到三峡体验生活，在写生时，何坚宁与其他同学不同，往往简略概括地根据不同色调用不同颜色勾出轮廓线，然后几乎不假思索地迅速组织出几个色块，稍为调配就用画笔或画刀，差不多都是一遍过地将颜色摆到了画面上，非常大胆，极少修改，也很少单调雷同。而且他画得最快最多，有时竟一天出品11幅。

### 一场大病带来艺术与人生的蜕变

纵观何坚宁的艺术生涯，从其16岁开始学油画到现在，俨然走过了欧洲现代艺术之路，从强调光色写实的印象主义到讲求情绪、灵魂交流的抽象表现主义，其间他还经历了朴素写实的学院派和具象表现主义。如果曾经有人认为抽象主义只不过是画家为不懂写实技巧而开

## 何坚宁：在抽象油画中聚集灵魂

脱的借口，那么，看了何坚宁的早期绘画，估计这样的人必定会哑口无言，而这些抽象主义作品的出现与何坚宁的一场大病有关。

1993年，何坚宁患上了病毒性脑炎，疾病的侵袭让他的双手不停抖动，甚至几乎失去行动与言语的能力。可病魔没能拉开他与画笔的距离。"我还是坚持画画，即使有时耗费一整天时间也不能完成一幅作品。"这对事业如日中天的青年画家来说，绝对是沉重的打击；对一向高产的何坚宁而言，更是心志的磨砺和挑战。可是他不恼不怒，在病中仍佳作频出，他控制的不仅是双手，更是对命运不屈的心。

时至今日，何坚宁仍略受那场大病的影响，说话咬字总不能十分顺畅清晰。而当他把大病后的一些画册罗列出来时，那些画册却让人十分震撼。"大病初愈的人看我的画就很有感觉，其实他们不是看画，而是在寻找那种强烈的生命感！"何坚宁说，曾经因为那场大病，"我甚至连嘴都张不了，说话有时候只能说一个字。手也不受控制，画画不能再像以前那样细细地勾勒，开始变得粗犷"。但经过生死考验的他对生命有了新的认识，画技也从最初的写实逐渐走向抽象。在他看来，那场重病让他"因祸得福"，可以更为洒脱地顺应内心的想法去创作、去生活。何坚宁表示，无论什么风格，一定要忠于自己的内心，艺术应该是内心的真实反映。经过那场大病后，何坚宁的生活方式也改变了，他迷上了古典音乐。画室不大的空间里，一半的地面被音响设备占据，一半的墙面被陈列着的23000多张黑胶唱片和2000多张CD覆盖，汇聚了莫扎特、贝多芬、肖斯塔科维奇、柴可夫斯基等名家的歌剧、交响乐，另外还有爵士乐……画室里还有完整的放映设备，瞬间就可整出一个小型影院。不仅如此，他还养成了雷打不动的习惯——每天坐车外出淘唱片。

"它们曾是我的'救命恩人'，如今更胜似良朋知己。我收集唱片是从2005年开始的，那一年我大病初愈，沮丧之时偶然遇见了音乐，从此一发而不可收。"何坚宁说。如果不是大病，自己不会去玩音乐；如果不是玩音乐，可能体会不到音乐家对艺术执着的共鸣以及交响乐带给自己的一种新的享受。迄今为止，何坚宁已经收藏了23000多张黑胶唱片，正在使用的音响有10多套，而手边创作的油画已有数千张。

"音乐有多好我说不出来，但我知道它在我的生命里不可或缺。它既让我充实，也让我淡泊许多。这里就像是我的灵魂居住地，我可以把喜好和感情都装在里边，同时又能在这里尽情释放我的感情。一个人的时候，听音乐是最好的，可以无所顾虑、随心所欲。"何坚宁解释说。

诗人、评论家黄礼孩则表示，何坚宁几乎每天都坐公交车去陶街淘黑胶，他不是音乐家，音乐却成为他生活中的一部分，给他的生命带来意想不到的惊喜。音乐滋养了他的梦想与创作，在他色彩燃烧的油画里，我们常看到音乐的跌宕起伏，看见自然岁月的流转。

## 作品展示物质和精神统一的世界

经历了大病的何坚宁,虽然笔下的油画的面貌发生了极大的改变,变得更自我、更抽象,但他在生活中是个非常有条理、极为有时间观念的人。"作画时,有时候我会看时间,比如画到10点,这期间不让任何人、任何事情破坏这个进程。但我并没有过那种疯狂、夜以继日、画起来不知道时间的经历。我作画非常有规律,哪个点干什么事情,都是有时间限定的。"何坚宁说。有人可能会觉得他没有热情,但他觉得这是一种控制住的热情。对他而言,这种可控制的热情在总量、持续时间上都远远超过了不可控的热情。

心态的转变带来艺术手法的转变,另外,对热情的控制也使得何坚宁的作品更加充满生机。他的作品曾得到当代国际知名艺术评论家杰拉德·古西格拉的举荐,在巴黎亮相,展出的作品以"阳光"系列为代表,明亮的黄、充满生机的绿、热烈的红,更加简约概括,热力依然,充分显示何坚宁的艺术天赋和市场影响力。

此前,杰拉德·古西格拉在全球闻名的巴黎左岸艺术区漫步时,无意中被展览于AURORA画廊的两幅画作吸引。那抽象的构图、灵动的色彩、激昂的感染力,使他由衷地发出赞叹。他端详良久,最后还高兴地在画幅前留影。这两幅画的创作者就是广州画院的油画家何坚宁。杰拉德·古西格拉在艺术评论上的成就备受人们推崇,但他不轻易为艺术家写评论。他评介画家,通常对其作品而言已是一种肯定。

这次他主动为一位素不相识的中国艺术家写下一些文字，完全源于对何坚宁作品的自然感动。

杰拉德·古西格拉认为，何坚宁以艺术家的诗人气质和彰显无遗的独立性，主导了他的乐谱之"完全"（all over），反映出画家准确的直觉、高超的分解式画法，以及以油彩为主的作品的建筑平衡，规则不断地调整手的运动和形式的增加。在最贴近生活的地方，何坚宁展现了他眼中的世界——物质和精神统一的世界。

展览上，世界艺术历史学家伊利·法瑞看过"阳光"系列作品后也评论说，何坚宁跳出条条框框的束缚，创作出激情和跳动的油画，很少是悲剧性的，装饰着有机的不规则的东西、被巨浪拍打的花瓣、旋流的痕迹、熔岩流浆、滑动和抓划的符号、螺旋式或凝结的形状、时而紧张时而舒缓的融合……在此缺失的区域和高潮的呼吸相依相存，围绕着不停逃离不停重建的中心，称颂这一种意义深远的物质的魅力。"在绘画中，物质就是绘画本身，也就是精神。"

"艺术是人类的高级精神追求，油画在西方已有几百年历史，中国的油画也已有百年历史，创作出真正属于中国的油画是中国艺术家的持续追求，而抽象画对于国人来说更是难上加难。但我将一如既往地在这条道路上探索，让更多人了解、认识属于中国的抽象艺术、抽象油画。"何坚宁说。

（沈汉炎）

# 黄江琴:
## 锦瑟绣华年,胡琴和乾坤

  黄江琴,1964年出生,海南临高人,著名胡琴演奏家,国家一级演奏员,南方歌舞团团长,广州市海珠区第十六届人大代表,兼任广东省音乐家协会理事、中山大学民族乐团艺术指导等社会职务。曾多次在国家级二胡比赛中荣获各项大奖,2009年获得最佳唱片奖、最佳二胡演奏奖和全球华语金曲"最佳 NEW AGE(新世纪)专辑"奖,并连续六届被评为优秀音乐家。

黄江琴：锦瑟绣华年，胡琴和乾坤

"若言琴上有琴声，放在匣中何不鸣？若言声在指头上，何不于君指上听？"苏东坡的这首《琴诗》阐明了弹琴简单而深刻的道理，并非拥有好琴美指就能演奏出美妙的琴声，演奏者必须拥有熟练的演奏技术，以及表达音乐里丰沛情感的能力。

黄江琴的名字充满着琴情诗意。作为广东省最优秀的民族器乐演奏家之一，她生在琴声中，活在琴音里。她每天从事着精神与技术高度融合的胡琴演奏事业，成为一代"琴声寄意"的艺术大家。

### 家学渊源　传承正音

黄江琴的父亲是海南著名的音乐人、作曲家黄育平。黄育平是中国民族音乐学会会员、民族音乐研究委员会委员、海南省音乐家协会理事、海南省群文理论学会会员。中华人民共和国成立初期的工作条件、生活条件都比较差，文艺工作者中能够守得住寂寞、熬得起清苦的，往往只有境界高远、造诣深厚的君子。更难得的是，黄育平不仅是一位作曲家，还是一位胡琴演奏家。他给女儿取名黄江琴，兴许既有对音乐热爱的表达，又寄托了希望女儿"继承衣钵"的美好期待。

"江琴"二字,很容易让人联想到杜甫的诗《赠花卿》:"锦城丝管日纷纷,半入江风半入云。此曲只应天上有,人间能得几回闻?"

黄江琴的幼年生活确实是"江+琴"般的"写实"。她出生在海南临高文澜江畔,听着江潮,吹着江风,浸润在父亲的琴声里,吟唱的是当地流行的儿歌《布谷鸟》:"头戴黄眼镜,身穿黄袍衣。不住金銮殿,爱在丛荆居。五更便呼唤,准保天亮时。"

父亲对她用心启蒙、有意引导。在日复一日的耳濡目染下,她的艺术梦想之灯点亮了,她喜欢上了胡琴。每天清晨,她起床就到文澜江岸上的栏杆边拉琴,入夜后便关起门在房间里拉琴,只有隔时,没有隔日,夜以继日地练琴磨耳。终于她的艺术天赋逐步显现,在各种童年和少年的艺术比赛中崭露头角。1979 年,黄江琴以优异的成绩考入海南艺术专科学校二胡专业,1982 年成为南方歌舞团二胡独奏演员,担任民乐队首席。自此,黄江琴正式承传父亲的音乐艺术志向,开启了"一辈子只做好一件事"的杰出音乐家之路。至今,临高文澜江畔的父老乡亲提起黄江琴时,传颂的是她当时刻苦练琴的故事。

## 寒来暑往　传神天籁

时间之轴在不断旋转,转眼来到 2019 年,黄江琴已经在南方歌舞团度过了 30 多个寒暑,她说:"我在团里的团龄最长。"经历了社会生态的反复变化、歌舞团生存条件的跌宕起伏,她一直坚守着初心,保持着对艺术的敬畏，安于演奏家的本分。难能可贵的是，哪怕经受过许多艰辛，她都任劳任怨，无怨无悔，旁人听不到抱怨，也看不出她一鳞半爪的生活辙痕。她真的就是那个心无旁骛的人，寄情音律，托志弦歌，于是练就了纯熟的手腕、高下疾徐的胡琴绝技。

高胡是广东音乐的主奏乐器，黄江琴的演奏风格优美典雅、圆润流畅，与广东音乐悠扬悦耳、明快华丽的艺术特色相吻合。《赛龙夺锦》的锣鼓点、节拍等，与龙船比赛的擂鼓节奏十分相似，起首的旋律更是铿锵嘹亮，犹如百舸争流、万箭齐发；《雨打芭蕉》描写初夏时节雨打在芭蕉之上的淅沥之声，让人联想到下雨的意境和情趣；《平湖秋月》则以质朴委婉的旋律、流畅多变的节奏，形象地表现了人们探求生活之美的渴望。无论用二胡还是高胡表演这些经典曲目，黄江琴都能拿捏自如，或畅晓旨深、扣人心弦，或情态谐和、韵味无穷，令广东音乐如天籁之音般流泻。

艺术的活态也是生命的活态，艺术的血肉随着旋律展开，在让欣赏者获得愉悦的同时，演奏者也进入一种无法言说的境界，一种深厚素养培养出来的无人境界，只要进入过并领略过此境界，便会流连忘返，这正是艺术家在承传中创新的原动力，也是激发广东音乐命脉延续的原动力。

黄江琴是一个勇于尝试、敢于创新的演奏家。多年来，她录制了近20张二胡演奏专辑，畅销全国及东南亚一带，广受欢迎；同时，她还为普通的音乐爱好者服务，演奏了大量家喻户晓、耳熟能详的流行歌曲。《有谁共鸣》专辑收录《有谁共鸣》《哭砂》《明月千里寄相思》等经典流行歌；《东风破》专辑收录《东风破》《记事本》等热门歌曲；《艳胡》专辑则有《新蝴蝶泉边》《菊花台》《秋天不回来》《香水有毒》等12首全新的流行改编曲目。她演奏的二胡协奏曲《西施情殇》被誉为可媲美《梁祝》的重要作品，也是中国音乐史上少有的大型二胡协奏曲。

### 砥砺前行　协律未来

作为广东省胡琴演奏家的代表，黄江琴应邀出访英国、法国、新加坡、柬埔寨、澳大利亚、斐济等国家演出并进行艺术交流。近年来，由她担任高胡领奏的舞台艺术作品众多，如获第十五届"文华大奖"的《沙湾往事》，获第十二届全军文艺优秀作品奖舞蹈类"特别奖"的《三家巷》，获中宣部第十三届精神文明建设"五个一工程奖"的《西关小姐》，获第四届全国少数民族文艺会演剧目"金奖"的《瑶山随想》，以及广东省的优秀舞台艺术作品《六祖慧能》《西岚卡普》等。确实，但凡有优秀的作品、优秀的团队，怎会错过黄江琴这样专业水平精湛、演奏技法娴熟、演奏技巧高超的优秀演奏家呢？

优秀需要传承。就像当年她的父亲手把手教她拉琴一样，黄江琴一直以大爱之心培养学生，已坚持教学20多年。作为广州市海珠区少年宫小海燕民族管弦乐团特邀艺术顾问，黄江琴在"小海燕"培养了一批优秀的少儿胡琴演奏者，她的学生多次在比赛中获得奖项。2018年4月，"海燕印象·风——黄江琴师生二胡音乐会"在广州举行，民乐爱好者不仅欣赏到老师收放自如、细腻动人的表演，还看到了生机勃勃的学生的茁壮成长。"小海燕"的家长们称赞老师的二胡教学和表演堪称模范级，尽心尽力，不遗余力。他们不了解的是，这位老师还热心地承担了中山大学民族乐团艺术指导的工作，为培养大学生的音乐素养奉献了大量的业余时间。

　　大约10年前，黄江琴担任南方歌舞团副团长，近两年她成了南方歌舞团团长，抓创作、出作品、出人才，管理人财物，提升、宣传作品，都归她管，工作量可想而知。然而，她说："忙起来就像烟花绽放般璀璨。"可见，她是个"实心眼"，活在乐中，乐在其中，有着"高山流水遇知音"的情怀。

　　"乐者，音之所由生也，其本在人心之感于物也。"（《礼记·乐记》）此言非虚。艺术的最高境界是审美，艺术的终极目标是复归人性与人心。动听旋律的背后，珍藏着美丽的心灵。

（陈一熠）

## 谭炎健：
# 从椰林深处走出来的国乐大师

谭炎健，1955年出生，海南琼海人，中国著名笛箫演奏家，教育家，星海音乐学院教授、竹笛专业硕士生导师、国乐系原主任，中国民族管弦乐学会竹笛专业委员会副会长，广东省民族管弦乐学会副会长，广东省广东音乐联谊会副会长，广东竹笛学会会长。

谭炎健曾多次应邀担任文化部举办的"文华奖"全国艺术院校民族器乐比赛评委、"上海之春"国际竹笛邀请赛评委，以及CCTV民族器乐大赛评委。并先后在广州星海音乐厅、香港沙田大会堂成功举办"笛声潇潇醉南天""笛声潇潇醉香江"个人笛子独奏音乐会，在广州星海音乐学院音乐厅举办"谭炎健水晶笛音乐会"、2013年"Ron Korb和谭炎健——国际大师的巅峰对话"音乐会、2015年"谭炎健教授从教40周年师生竹笛音乐会"。出版发行个人CD竹笛《天竹》、箫《红楼梦》、葫芦丝《中国民乐经典》、巴乌《巴乌十大名曲》等音响资料40余张。他还发表了《谈谈中国竹笛音色》等多篇学术论文，2009年再版《谭炎健笛子教程》，2010年出版《中国广东音乐——谭炎健笛箫演奏版》等著作。

谭炎健曾多次应邀到美国、德国、法国、奥地利等40余个国家演出。他娴熟的演奏技巧和圆润甜美、敦厚稳健的独特风格享誉海内外，被赞称为"岭南一支笛"。

谭炎健：从椰林深处走出来的国乐大师

在星海音乐学院六十华诞庆典大会上，一位优秀校友代表用略带海南韵味的语调，发表热情洋溢的讲话："我们是属于20世纪70年代的幸运儿。感谢党和人民在我们青春年少时将我们选送进了广东人民艺术学院（星海音乐学院前身）。母校是我人生旅途的首发站，恩师是我人生长路的引导人。无论走到哪里，萦绕心怀的还是母校一缕缕笛声琴韵；无论身居何处，刻印记忆的总是恩师慈爱的眼神与音容。母校是星海学子永远的牵挂与思念，师恩是星海学子难忘的感怀与爱恋。我的星海，稚嫩的笔墨写不尽您的满腹经纶，道不尽您的博大与深沉，更诉不尽我对您的祝福与敬意。祝福您，我的星海！"话音刚落，台下爆发出长时间热烈的掌声。这位优秀校友代表就是海南琼海籍中国著名笛箫演奏家、教育家，中国竹笛专业委员会副会长，星海音乐学院教授、硕士生导师、国乐系原主任谭炎健。

正如谭炎健所说，他是时代的幸运儿。1970年，刚刚年满15岁的谭炎健从长坡农村经逐级推荐报考广东人民艺术学院。在众多考生中，主考官黄英森教授一眼看中了眉目俊秀、神采飞扬的谭炎健。经过一轮轮考核后，黄英森教授直接把谭炎健录取到音乐系学习竹笛。就这

## 谭炎健：从椰林深处走出来的国乐大师

样，谭炎健背着行囊，怀着对国乐竹笛艺术的梦想，经过三天两夜的舟车劳顿，终于来到了中国南方的大都市广州，开始了长达5年的竹笛学习生涯。正是黄英森教授40多年前的慧眼，成就了今天的国乐大师谭炎健。

然而，现实给年纪刚满15岁、没有半点音乐基础的来自海南东海岸椰林深处的谭炎健泼了一盆冷水。密密麻麻的五线谱像老家的豆芽菜，让谭炎健眼花缭乱，长长短短的笛子让他吹得上气不接下气。但是，立志学习国乐竹笛的谭炎建并不气馁，他以超出常人的毅力刻苦学习。早晨，学校起床的钟声还没敲响，附近的公园内已响起谭炎健的长音笛声；晚上，作息的钟声已过，谭炎健还在走廊的路灯下学习理论知识。有时为了吹好曲子又不影响同学们休息，他钻进洗澡间一吹就是三四个小时。有人认为谭炎健是走火入魔了，而他的恩师、著名笛子演奏家黄金成副教授却看在眼里，喜在心上，他为有这样刻苦学艺的门生而欣慰，并悉心调教谭炎健的演奏技巧。江程转和林日庄老师更是放弃节假日的休息时间，为谭炎健进行课外辅导。5年，1800多个寒来暑往，1800多个夜雾风霜，功夫不负有心人，1975年，谭炎健终于以优异的成绩毕业并留校任教。

任何一个人的成功，都是从刻苦勤奋中获得的。如果说1970年是谭炎健的幸运之年，那么，1980年则是他人生道路上一个重要的转折点。任教5年后，谭炎健深感三尺讲台已难以实现他对竹笛艺术的追求，他希望能走上舞台，将国乐的竹笛文化传播给广大观众。然而，单凭他当时的吹奏水平实难达到独奏演员的标准，于是他做出了人生的艰难选择，离开新婚的妻子，放弃温馨的小家庭，只身远赴上海音乐学院民乐系继续深造，追随一代竹笛宗师陆春龄学习竹笛演奏技巧。他带着对艺术的虔诚和渴求，虚心学习，积蓄力量。在笛子大师陆春龄、谭谓裕、俞逊发的悉心调教下，谭炎健的演奏技艺逐渐炉火纯青。他以娴熟的演奏技巧、独特的风格在国乐竹笛演艺界崭露头角。20世纪90年代初，谭炎健用竹笛和洞箫吹奏的《红楼梦》插曲享誉大江南北，被评为中国竹笛演奏《红楼梦》的经典作品。中国竹笛宗师陆春龄评价谭炎健的演奏风格热情奔放、韵味浓郁、细腻典雅，音色圆润甜美，气息敦厚稳健，华丽时光彩夺目，细致时玲珑剔透，情绪交替犹如行云流水，既有北派的欢快技巧，又有南派的敦厚音色，堪称"岭南一支笛"。

除了笛子外，谭炎健还擅长演奏巴乌、葫芦丝、洞箫等中国管乐器。他所演奏的葫芦丝单曲《知音》，感情丰富，余韵绵长，将葫芦丝特有的魅力发挥得淋漓尽致，一直为广大葫芦丝爱好者所推崇。他的音乐作品有《刘三姐·葫芦丝专辑》《发烧神笛》《中国洞箫·天籁箫音》，以及洞箫专辑《红楼梦》、竹笛专辑《红楼梦》等。编著出版了《谭炎健笛子教程》《中国广东音乐——谭炎健笛箫演奏版》。论文有《谈谈中国竹笛音色》《试析广东音乐中的精品——〈连环扣〉》《音乐的功能与使命》《论叙事性协奏曲的情感表达》《论广东音乐中的笛箫艺术》《"技术"和"现实"的较量——比较黄自与聂耳的音乐创作的特点、成就和影响》《学习、继承、发展、创新——简述20世纪二胡的艺术创作》《〈妆台秋思〉释》等。

谭炎健的可敬之处在于无私奉献，不求索取，他行走在艺术的漫长路上，播撒种子，守候希望。在教学中，谭炎健一直是一位负责、严谨的老师。他掌握了大量的曲子，经常在课堂上一遍又一遍地重复示范并指出学生演奏上的优势与不足，小到一个音的音高，大到一首曲子的内在处理。他授课认真负责，虽然严格，但有爱。他把对学生的爱藏在心里，用自己的言行去引导、影响学生。他对学生无私奉献、无怨无悔，以一种含蓄、低调的态度演绎着自己的艺术人生，以一种高度的责任感、对艺术的挚爱和无私的情怀，为学生搭建进步的阶梯。谭炎健在40多年的从教生涯中，为国家培养出大批优秀艺术人才，可谓桃李满天下。

如今的谭炎健光环闪烁，是名家，也是名师，曾多次作为中国文化使者出国访问，在美国、德国、法国、奥地利等40多个国家，用国乐竹笛传播中国悠久的民族音乐文化，并在广州和香港地区举办"笛声潇潇醉南天""笛声潇潇醉香江"个人笛子演奏会，先后多次应邀担任文化部举办的"文华奖"全国艺术院校民族器乐比赛评委、"上海之春"国际竹笛邀请赛评委、CCTV民族器乐大赛评委。其事迹2007年被编入《艺术中国》，2008年被编入《光辉历程·中国艺术三十年史志》和《影响中国100位艺术大家》。

他，就是谭炎健！从海南琼海椰林深处走出来的，也是海南至今唯一的国乐大师。

（陈竞明）

# 陈 前：
# 最满意的歌曲永远是下一首

　　陈前，1963年出生，海南保亭人，毕业于广州星海音乐学院声乐系，是广东民族乐团男高音歌唱家、国家一级演员、广东民族乐团艺术研究创作中心主任、中国音乐家协会会员、广东省青年联合会常委、广东省侨联青年委员会常委、广东省音乐家协会理事。陈前为大型电视系列片《客家人》录唱的主题歌《我是客家人》在国内外广为流传，深受世界各地客籍华人喜爱。2003年年底，在中国音乐最高奖"金钟奖"的开幕式晚会上，他演唱的《欢乐山歌》荣获中共广东省委宣传部颁发的"五个一工程奖"。2004年，太平洋影音公司录制出版了由他与青年女高音歌唱家刘东红组成的"艳阳天"组合演唱的《又见艳阳天》CD大碟，广东电视台为"艳阳天"组合制作播出了"又见艳阳天"电视专题演唱会，大受观众热捧。

陈前：最满意的歌曲永远是下一首

著名文艺评论家、广东省作家协会副主席、著名媒体人温远辉曾经这样评价一位歌唱家:"他可能不是广东最红的歌唱家,但一定是广东最爱学习、最注重自身文化素养的歌唱家之一。"温远辉口中的这位歌唱家,就是从海南的椰林树影中走出来的陈前。

陈前是广东民族乐团男高音歌唱家、国家一级演员、广东民族乐团艺术研究创作中心主任,毕业于广州星海音乐学院声乐系,是中国音乐家协会会员、广东省青年联合会常委。他是目前我国南方最具实力的抒情男高音之一,《广州日报》曾报道,"陈前的表演独具一格,亦庄亦谐,风趣幽默,雅俗共赏。他的声音通透明亮,气息饱满流畅,特别注重情感表达,以情带声,以声传情,可谓声情并茂"。

### 以全省第一名的成绩考入音乐学院

小时候,在海南橡胶林连队的操场上,其他孩子都在玩游戏、捉迷藏,而陈前却总爱一个人,静静地仰望星空,那遥远的、明亮的星星对着他一眨一眨的,好像在说:来吧,外面的世界大着呢。

陈前第一次迷上音乐,是听到表哥吹笛。后来自己上山砍竹子做

## 陈前：最满意的歌曲永远是下一首

笛子，第一次学会的歌曲是童谣《小螺号》。"小螺号，滴滴滴吹，海鸥听了展翅飞……小螺号，滴滴滴吹，阿爸听了快快回……"悠扬的笛声就这么吹进了陈前的心里，他的音乐天赋第一次被激发出来，开始放开歌喉吟唱，清亮的童音和着清脆的笛声在阳光沙滩上飘扬。

天地做舞台，椰林当听众，海浪成和声，一切都那么美好。陈前的心中，开始埋下了一颗音乐的种子，这颗种子在他的心里发了芽，就等着开花。但这美好的一切抵不过残酷的现实。因为家庭贫穷，陈前没能接受专业的指导和培训，他买不起任何乐器，也请不起任何老师，只能偶尔在学校的音乐课上亮一亮嗓子，或是在放学路上展露一下歌喉。

在物资匮乏的年代，家境贫寒的少年也不敢做什么"春秋大梦"。17岁中学毕业之后，为了分担家里的负担，陈前接受了命运的安排，回到农场种橡胶，这一种就是3年。

一次，农场组织晚会。陈前唱了一首《在那桃花盛开的地方》，观众掌声如潮。农场的叔叔阿姨对陈前说："你的歌唱得太好了，天生一副好嗓子！"大伙说多了，陈前也开始思考起来，是一辈子在胶林里种橡胶，还是大胆一点去追寻自己的梦。人生有时候就是这么奇妙，当决定遵从内心最真实的声音时，陈前突然豁然开朗，重新拾起书包，一头扎进了书堆里。

一个已经3年没有拿起书的人决定去考大学，这期间经历的辛苦不言而喻。但陈前挣脱层层束缚，不仅做到了，而且做到了极致——他以专业课全省（当时海南属广东省）第一名的好成绩考入了广州星海音乐学院。

### 天天练习，直到完美

世界不会遗忘有天赋的人。考上广州星海音乐学院是陈前人生新的开始。此前，陈前经历了3年的种胶生活，但这3年并没有浪费他的天赋，正是这3年的底层生活让他的个性更为突出，而出了社会又重返校园的经历，又让陈前多了几分坚韧。

在陈前的学艺生涯里，有一位老师对他的影响特别大，那就是总政歌舞团著名男高音歌唱家、被称为"中国的帕瓦罗蒂""中国名牌男高音"的程志。2001年的夏天，陈前在北京拜会程志，他发现这位超级大家随时随地都在练声。

程志告诉陈前，如果发现自己哪个音还没有唱好，哪个音还不够完美，那一定是"还练得不够"。这给了陈前很大的触动，回来后，他一直记得程志练歌的情形，于是家里的天台成了陈前的练歌场，他也像程志那样，一直练，不停地练。

熟悉陈前的人都知道，这位歌唱家不走寻常路。他抽烟，偶尔也喝喝小酒，但因为长期系统地训练，他的嗓子一直保养得非常好，也因为丰富的生活阅历和海岛的生活，他的声音中又多了一种别样的味道。

陈前：最满意的歌曲永远是下一首

慢慢地，陈前唱出了名堂。2003年年底，在广州举行的中国音乐最高奖"金钟奖"的开幕式晚会上，陈前演唱的《欢乐山歌》受到好评，并获广东省"五个一工程奖"。他为大型系列片《客家人》配唱的《我是客家人》受到海内外客家人的热情赞誉。他演唱的歌曲《幸福来》荣获中共广东省委宣传部主办的岭南新歌创作大赛第一名。近年来，他创作并演唱了一批歌曲，其中，《为爱回家》荣获亚洲微电影节最佳音乐创作奖，《善行广州》荣获广州慈善歌曲创作大赛第一名。

### 好艺术家必须拥有善良、真诚的心

从广州星海音乐学院毕业后，陈前顺利地进入广东歌舞剧院，担任独唱、重唱演员。虽然民歌唱得好，有味道，可这个时候已是流行歌曲的天下，迷茫、无奈涌上心头。他告诫自己，不是人们不喜欢听民歌，而是自己唱得不够好。在工作、演出的过程中，陈前发现自己综合文化素养不足，于是要求自己每天坚持用文字养眼，四处寻求名师教导，以至多年后有朋友对陈前说："你越唱越好，厚积薄发！"

2010年9月，陈前做了一件特别的事，他在星海音乐厅一连举办了两场"愚乐演唱笑"。当时，那是广东乃至内地第一个融歌唱、脱口秀、小品于一体的演出。自掏腰包做这样完全市场化的冒险，一时间在业界引起了热烈的反响。

在后来的演出中，每唱完两首歌，陈前就少不了一段脱口秀。一次,他还分别用潮汕话、客家话、粤西话朗诵徐志摩的《再别康桥》。与话剧演员舒力生上演小品《海风轻轻吹》时,他身披大衣,腰系彩带,肩背着巨大的蛇皮袋,斜挎写着"为人民服务"的黄书包,化身"海南岛五指山下的第一美男犀利哥"。小品中,他模仿芙蓉姐姐、凤姐,还捏着嗓子学唱"绵羊音"。这样一位优秀的男高音家,在那场演出中,给观众留下"原来男高音家也可以这么逗"的印象。

在现实生活中,陈前是一位超级足球发烧友,他常与著名足球运动员容志行、古广明等一起踢球,他还曾经被广东电视台特邀到演播厅直播世界杯足球锦标赛。

陈前在给学生上课时常说,想成为一个好的艺术家,必须要有一颗善良、真诚的心,否则在演唱中会不自觉地表现出不好的一面,观众会感觉得到。同情之心、怜悯之心、仁爱之心、助人之心、恻隐之心,凡事有慈悲之心,上苍是会护佑你的!

### 把《海商之歌》唱出"家乡味"

在多年的探索中,陈前幸运地遇到了中国著名的海南文昌籍音乐人、作曲家、太平洋影音公司音乐总监韩乘光,从开始的不屑到后来的亦师亦友,多年来陈前一直跟着韩老师学习,因为韩老师的一句话坚定了他的信念:音乐的表现除了技能50分,技能以外的50分是很重要的。2018年他们合作录制了海南黎族民歌《久久不见久久见》(谢文经整理、梁军编配），一经播出便受到听者的热烈欢迎。精美的编配、自然而又不失水准的演唱令人耳目一新，将海南岛人与自然和谐的风光展现出来，令多个海南籍的文化大家赞誉不已。2018年博鳌世界海商论坛的晚会上，陈前演唱了韩乘光、梁军作曲的《海商之歌》，充分地展现了海南人质朴、坚韧、聪慧、积极向上的精神面貌。

当问及在所有歌曲创作中，哪一首最满意时，陈前说："没有最满意的，最满意的歌曲永远是下一首。"陈前这句话不仅体现了他对事业的执着，更包含了他对人生的思考。

所有的艺术家都是"疯子"。陈前从当年视音乐为生命，到现在将它当作生活、事业的一种乐趣和享受。他认为，天文地理、琴棋书画、种花养草、踢球交友，这些爱好都能提高文化素养。如今，陈前选择了一种远离喧嚣、净化心灵、淡泊名利、强身健体的生活状态。

（杜开旭）

三十年
三十人

岭南筑梦

## 后记

## 尽了一份责任

从 2018 年年底开始筹划到 2019 年 6 月终于成书，如释重负。虽然时间紧，任务重，从筛选入书人物，到联络拜访、收集资料、上门采访、编辑成文、审稿校对等，程序繁杂，我们真担心不能按时出书。

我们如此认真地对待这个项目，皆因 2018 年适逢海南建省办经济特区 30 周年，海南全岛建设自由贸易试验区、自由贸易港扬帆起航，而且 2018 年亦为广东省海南联谊会成立 30 周年。在此三喜临门之特殊历史时期，将在广东打拼的琼籍各行各业代表人物汇成一书，展现其风采，向家乡亲人汇报，向关心支持海南发展的各界人士展示海南人的拼搏进取精神，凝聚海内外乡亲的力量共筑中国梦，十分有价值。我们为海南人尽了一份责任。

感谢为此书付出努力、提供帮助的朋友们。

感谢广东省政协党组副书记、副主席林雄同志百忙之中为本书撰写序言，感谢蔡春萌会长出资出力支持本书的出版，感谢我的师兄、中国十大传媒经理人谭军波组织杜开旭、沈汉炎、黄佳欢组成的团队完成本书内容的采写，感谢中山大学出版社王天琪社长、嵇春霞副总编辑、金继伟主任以及陈芳、高洵、林绵华等编校人员在时间紧促的情况下为本书的出版做出的努力,感谢于万义、吴烈修为入书人物的遴选、拜访所付出的辛劳,感谢谢冠芳、陈统一、罗森所组成的统筹团队为本书的资料收集、拜访、审稿、组织等工作所付出的大量心血和高效率的工作,感谢资深摄影师邝阳升为30位入书者所拍摄的生动精彩的照片,感谢广州六动友广告有限公司为本书所做的装帧设计。

  感谢所有入书对象的支持和配合。

罗　罡

2019年6月于广州